赵天翼 著

美国留学麻辣烫

THE SPICY LIFE OF STUDYING IN THE U.S.A

U0749483

浙江工商大学出版社
ZHEJIANG GONGSHANG UNIVERSITY PRESS

图书在版编目(CIP)数据

美国留学麻辣烫 / 赵天翼著. —杭州 ：浙江工商大学出版社，2018.10

ISBN 978-7-5178-2148-9

Ⅰ. ①美… Ⅱ. ①赵… Ⅲ. ①留学教育－概况－美国 Ⅳ. ①G649.712.8

中国版本图书馆 CIP 数据核字(2017)第 096832 号

美国留学麻辣烫

赵天翼　著

责任编辑	吴岳婷　沈　娴
封面设计	王妤驰
责任印制	包建辉
出版发行	浙江工商大学出版社
	（杭州市教工路 198 号　邮政编码 310012）
	（E-mail：zjgsupress@163.com）
	（网址：http://www.zjgsupress.com）
	电话：0571－88904980，88831806（传真）
排　　版	杭州朝曦图文设计有限公司
印　　刷	杭州恒力通印务有限公司
开　　本	880mm×1230mm　1/32
印　　张	6.875
字　　数	220 千
版 印 次	2018 年 10 月第 1 版　2018 年 10 月第 1 次印刷
书　　号	ISBN 978-7-5178-2148-9
定　　价	42.00 元

目录

CONTENTS

百味杂陈

赚钱不易，省钱也不易 / 003

我被佩枪警察当成嫌疑人 / 011

寒冬腊月掉进冰河中 / 018

"三观"不同，我跟最要好的美国朋友疏远了 / 023

富同学与穷同学 / 030

贵得要死的教科书 / 035

神秘兮兮的"国宝"同学 / 042

一个留学生的 AB 面 / 048

印度同学很自信 / 053

头发长，见识也不短 / 059

求学滋味

吹毛求疵的口语课 / 069

"心狠手辣"的助教 / 074

容忍迟到，不容忍早退 / 080

网课贵过实体课 / 086

"包租公"穹哥 / 092

与三位女生成了室友 / 096

彬彬有礼的日本室友 / 102

搬家是件头痛的事 / 109

课外生活

在印第安纳州赢得冠军 / 119

老外说我像功夫明星 / 130

开着私家车穷游 / 135

每逢佳节泪两行 / 141

百味杂陈的美国中餐 / 146

炸鸡的多重含义 / 153

我们不是"假洋鬼子" / 157

商场购物也有门道 / 162

瞎侃美国

在美国不能说"那个" / 169

并非奇葩，只是习惯不同 / 173

美国不是你想象的那样子 / 182

胖子遍地的国度 / 188

入乡不得不随的一个俗 / 194

美国人也很会"踢皮球" / 198

"北美崔哥"说他们"里外不是人" / 205

不被当成美国人的美国人 / 210

百味
杂陈

美国留学麻辣烫

赚钱不易，省钱也不易

不少家庭抱着知识无价的想法送子女出国，希望他们能够受到良好的教育。而他们的子女会发现，知识不但有价，而且价格不菲：通常学校越好学费越高，动辄一两万美元。除了学费，在美国的生活成本也不低，总之是，"美国居，大不易"。

当然，留学生们也会发现，就跟网上说的一样，美国的不少电子产品、奢侈品与奶粉，价格比国内要低一大截，可是留学生不可能躺在奢侈品、电子产品堆成的床上啥事也不做光喝奶粉，除去这些，花在学费、吃住上的钱着实不少。

如果说一个月四五百美元的住宿费还可以自我安慰，权当自己住在北上广的单身公寓的话，那么一日三餐的费用，常常令初来乍到没有习惯美元消费的留学生们心疼：在学校餐厅简简单单一顿十美元上下的汉堡套餐或是一份不正宗的中式炒面配上一杯饮料，折算成人民币就要六十多元——国外的一顿饭顶得上国内好几顿饭了。在美国学校里吃顿最简单不过的中餐或晚餐,花的钱都像是在国内的肯德基吃全家桶,只是学校里的这些快餐食品,其味道不习惯不说,还不一定能吃饱。不仅如此,美国的书也比国内的贵多了,一本指定教材,经常要七八十美元到一百五十美元,在国内大概可以买一二十本书了。

刚来美国还带着兴奋感的我,努力压抑着这种动不动把美元折算成人民币的"抠门"想法。每当我在学校餐厅点餐,哪怕点一份简单的套餐,内心都会产生一种似乎在"胡吃海喝"的罪恶感,这个时候,我就暗骂自己目光短浅、视野狭隘:到了美国就应该从美国的角度出发去思考问题,去生活与消费,不要一花美元就换算成人民币,想着贵不贵、值不值、性价比高不高。为了不让自己花父母钱时有负罪感,我像阿Q一样安慰自己——要抱着该花就花、能省则省的心态,不应该有任何的精神负担。可是没过多久,我发现了自己想法的不严谨:如果我不在美国赚钱,只是在美国花钱的话,大谈特谈美元消费意义不大——我们只是在美国客居的中国留学生,我们花的钱都是父母在国内挣的人民币。只有当我在美国赚"洋钱"时,用美元去思考与衡量价格,才能算是有些意义。

一两周过后,大多数留学生渐渐习惯了学校餐馆六十多元人民币一顿的套餐,开始寻思着如何赚些钱来补贴生活的支出。

一开始我对留学生赚钱这种事嗤之以鼻,一个穷学生,打工能赚来多少钱呀？把最好的时光用来倒腾商品赚点小钱，倒不如多花些时间求知或者与人交流。时间就是金钱，我利用好时间就是赚钱。不过渐渐我的想法变了，赚钱和读书通常不是对立的，读书不代表两耳不闻窗外事地做个书呆子，赚钱也不代表荒废学业。另一方面，诸如代购这样的小生意做得好，赚的绝不是"小钱"。我身边就有做代购赚了不少钱的同学。

刚到学校没多久，我就认识了一位金融专业的同学 A。不像大多数大一新生对学校一无所知，他表现出对大学的一切了如指掌的样子。而另一位北京的同学却带着不屑，摇着头对我说："这孙子特'装'。"

我当时以为北京同学是出于羡慕嫉妒恨才这么说的，那时我对小 A 挺有好感：高富帅三样他每样都有。个子高；身材与其说瘦，不如说匀称，看得出是经常锻炼的人；人长得帅，衣着品味也比其他新生高不少。一般的中国男留学生身上散发着的不是昨晚洗发水的香味就是没有一点味道，他身上总是有着淡淡的古龙香水味。他开着一辆敞篷的白色宝马，住在我住的学生宿舍楼几幢开外的单人公寓。

尽管我没有发现他的"装"，但是他确实对人表现出不耐烦与爱搭不理。也许他不经意间表现出的高人一等，源于他比一般留学生优越得多的物质条件以及自己的信息储备吧。

有次我与他聊天，他难得地透露了自己的情况，我才知道他已经在美国读语言预科一年了,是在密苏里州的另外一所大学,今年刚转学来这里,尽管与我同岁,但是比我低两个年级。

直到后来,他经常有事没事把他的宝马车的敞篷打开,停在公寓正门口的停车位,还在下午四五点大家从学校回公寓的时候,背靠着宝马,抽着一根烟,慢慢吐出烟圈,我才觉得他确实在"装"。

几天后我收到他的一条微信,是一段冗长的话。每个句子之间都用三个感叹号连接,用"拜托了!!!"收尾。那一段没有加上称谓,充满祈求语气的话,明显是群发的,内容无非是求人复制粘贴他的代购信息到自己的朋友圈。常年不看朋友圈的我,点开他的朋友圈,发现充斥着大量的代购广告:曝光不佳的图片,配上一段商品信息。几条广告之间,夹杂着我觉得千篇一律的日出日落照片,那大概是他开着宝马抽着烟用单反相机带着一丝忧郁拍的。

很难想象这是那个对人爱搭不理的同学发出来的。

后来我的一个校友告诉我,他的宝马是他做了一年的代购靠自己挣钱买的,对这我一点也不奇怪。

进货,国内找人接应,找下家,寄快递,拉下脸皮求人转发,不顾他人厌烦一次又一次在朋友圈推销……对大多数没有生意头脑和经验、脸皮又薄的留学生来说,跟这些事比,可能还是读书容易得多。这大概也是为什么留学生千千万,做代购的却寥寥无几的原因。

我妈曾打来越洋电话问我,有空的时候,是不是也去打打工锻炼锻炼自己,也体会一下挣钱的不易。在她的印象中,中国留学生只要有心,在美国都能找到可打的工。她想得太天真了。我不是不想赚钱,赚钱方法有很多,可是在美国,除了像小 A 同学一样做代购,我只能想到几种,然而权衡利弊后,全被我否决:获得奖学金不但难而且对留学生门槛更高;当 TA(助教)学历要求至少是硕士而且对 GPA(平均学分绩点)要求很高;在学校打杂虽然不累但是不自在,而且工资不高,何况有限的几个岗位早被眼疾手快的留学生同学占去了;在校外打黑工,一旦被发现就有被遣返的危险。大多数中国留学生像我一样,有赚钱的心,却没赚钱的能力。眼高手低地想赚大钱,却没有那样的时间精力;做代购呢,也拉不下脸求别人转发自己的广告。当然,我也不愿意冒险打黑工,要是被遣返那可不是闹着玩的。

不过,虽不能赚钱,但可以省钱。只不过比起主动赚钱,省钱永远是下策。但是省钱与赚钱有一个很大的区别,那就是赚钱靠的是能力,因而并不是每个人都能赚到的;而省钱靠的是毅力,每个人多多少少都能省点,在各个方面都能省,甚至可以丧心病狂地省。

第一年学校公寓的房租到期时,我开始计划搬家物色新的住处。一个我认识的留学生怂恿我和他一起搬到城里黑人区的一幢房子里，告诉我每天乘地铁上下学还算方便，更重要的是房租加上水电每月也就两百美元出头，比起租别的房子，一个月可以省下两百美元。

听到坐地铁上学我一阵反感：圣路易斯的地铁常年弥漫着大麻味，车内的瘾君子很多，有时候呼啦啦地还会上来几个喝得烂醉的黑人。我生活的这个城市多次上了"美国十大最危险的城市"黑榜，而且排名相当靠前，有一年还名列榜首，这个榜单排名的依据是谋杀、强奸、抢劫、恶性袭击、入室盗窃和机动车盗窃案发率。除了上"美国十大最危险的城市"黑榜外，它还上了"全美十个不利于睡眠的城市"的榜单，夜晚的喧闹简直可以拍一部《圣路易斯不眠夜》的电影。虽然平时我并没有感觉到这个"危险城市"有多大的危险，但我也不能不考虑我的人身安全。我不禁佩服他的勇气，冒着生命危险的代价，只为了每个月省下两百美元。我坚定地拒绝了，因为生命诚可贵，我不想拿生命冒险。我甚至说那种地方即使请我免费去住我也不会去。他见我说得如此坚决，马上改口说他只是开玩笑，随便问问。

后来我听说他和不少人都提过这个想法，毫无意外地都被拒绝。他找不到室友，不得不放弃了这个用生命省钱的办法，选择住在学校最便宜的四人寝室。

我还遇到过一些省钱有道的留学生：一位女生读MBA，每天几乎都在图书馆度过，这不是为了提高学术水平，仅仅是为了蹭免费的电和空调;我的某位室友,大学四年在美国,为了省钱,从未去圣路易斯以外的地方旅游过,每天都是在 Wi-Fi 的陪伴下神游美国;还有个别留学生,为了省钱,竟然冒着被地铁警察罚款的危险,用过期车票坐地铁(圣路易斯市地铁查票仅随机抽查)。

有位同学和我聊起省钱这个话题,说能不挂科、不重修课就是在省钱。我哑然失笑:不挂科是分内的事情,怎么谈得上省钱呢。我心想的省钱,是在不降低生活质量、不降低学习效率的前提下省钱。可是这样的事几乎不可能,留学生要省钱,那么必定意味着在时间、体力或是精力上有额外支出。

动手做饭就是省钱的一种方法。一方面自己烧几个菜,能够暂时远离那些吃腻了的汉堡与比萨,另外还能稍微节省下几个子儿。但是这种做法,我持续了一学期就放弃了:如果单纯为了省钱而在家做饭,那么必定在买菜做菜洗碗上要支出额外的时间与精力。我不会像那些阿姨一样,买瓜前敲西瓜听听有没有熟,也看不出肉的新鲜程度,除了做几个最简单的菜翻来覆去地吃,也实在变不出别的花样,宿舍里的洗碗机也无法解决不粘锅上黏糊糊的油渍。所以,一个学期后,我就放弃了这种最简单的省钱方法。

当然,要省钱,还可以少出门、少社交、少购物,有些家里经济条件不好的留学生的确是这么做的。不过,对我而言,这些都很难做到,既然到了美国,该出门就要出门,该社交就社交。最后,我像许多雄心勃勃的留学生一样,在现实面前,逐渐打消了赚钱的念头,放弃了省钱的想法,只是简单地过着该花就花、能省则省的生活。

在美国待上一学期后,我就没有了"乱花钱"的罪恶感,当然,也失去了当初赚小钱的信心。同样,我没能体会到拿奖学金或者赚大钱的快乐,但也没有感受到挂科重修的痛苦。我的想法很简单,我只是指望我的留学生活能够物有所值,学到我该学的,看到我该看的,经历我该经历的。

我被佩枪警察当成嫌疑人

在美国，从线上到线下，人们总是和警察对立起来，仿佛对警察有一种天生的不信任。自从弗格森事件之后，圣路易斯的居民对警察的排斥与厌恶之情也跟着加剧。我的一位美国同学就直言不讳，"警察只是能够合法佩着枪在街上走的混球"。哪怕是第一学期我的一位脾气很好的老太太老师，都在课余闲谈时跟同学们抱怨，警察"拿着鸡毛当令箭"：明明她没有开车超速，却总被警察贴罚单。

可是我对美国警察却有着不错的印象：在公园闲逛时，有时候车里戴着墨镜的巡警会主动跟我打招呼；在学校附近人比较少的地方，警察在远处就会扬起手对我问好。不过，我与警察的交集仅限于此，我既没有触犯过法律、与警察有过多的交谈，也没有卷入任何案件需要回答他们冗长的问话。我总觉得，有警察在的地方，就多一分安全感。每当我看到车顶红蓝色交替发亮的警灯，我就会觉得安心些，尽管这可能意味着远处有案件；在商场看到巡警时，我也会忍不住多看几眼，那些黑色宽沿警帽和卡其色的警察制服非常符合我的审美。

可没想到的是，我有一天会被美国警察当成了嫌疑人，和警察有了一次"亲密接触"。

那时正值炎热的八月，由于学校公寓的租期将至，我就改租住到学校旁边的一幢房子里。搬家的过程其实蛮简单的，作为一名留学生，我并没多少家当，早上搬家时我托朋友帮忙，一辆轿车开一次，就把我学校公寓里的大多数东西都给搬走了，只剩下一些零零碎碎的物件。

学校公寓、学校、我的新家，三个点构成一个等边三角形，互相之间的行走距离不过十五分钟。当天晚上九点多钟，在新住所无所事事的我想趁着夜色，回一趟自己原来住的学校公寓，确认是否有东西遗漏。如果没有的话，我准备过几天就清扫房间并退房。

圣路易斯的社区与国内小区不同的是，它并没有包围整个小区的围墙、传达室与自动门，更没有监控摄像头或者门卫。标示出这一带是居民区的，只是几个主要入口中间草地上竖着的木牌而已，木牌上用油漆写的小区名字已经褪色。

因此，在夜色中走了几分钟后，我很快发现我无法分辨出这些房屋的差异，昏暗的灯光让我有些迷路了。尽管我清楚地记得地址，可是灯光太过昏暗，连不远处是否有指路牌都看不清楚，所幸路灯下街道的号码清晰可见，于是我一边看着黑夜中其他房子门前的数字一边前行，希望能找到自己住所的街道号。

在穿过一个街区，跨过一排房屋后，我找到了2919。尽管我依稀记得今天早上搬家时，房子门口并没有放花，房子的构造好像也不太相似，可是转而一想：也许是另一位房客晚上把花盆搬出来了呢？至于房子的构造不太相似，可能是因为夜晚的到来，使得本来就不熟悉的新房子显得更加陌生而已。

于是我走上前去，掏出钥匙，试图开门。可是无论我用何种力道，往任何方向转动钥匙，门锁都没有丝毫的动静，我也不曾听到我期望听到的门锁开了的"咔嗒"声。我纳闷地想，会不会是走错门，走到后门来了？这房子的后门钥匙和前门不一样，我应该到前门开才是。毕竟今天是我搬家到这里的第一天，后院是什么样子我还不清楚。小区是没有围墙的，但是这房子有围墙，由于围墙的存在，我不能轻易穿过后院来到前门，只能步行穿过一条街到达前门。

我离开后门，想穿过一条街走到前门。我刚离开后门几步，就感到一阵刺眼的亮光，我不由眯起了眼，想着或许是哪个司机在这个黑暗的社区里开着远光灯照明。

我转头一看，却是辆警车，警车上闪烁着警灯却没有鸣警笛。我没有在意，继续向前走。可是警车的灯光却一直在我背后闪烁,警车也亦步亦趋地跟着我。我再次回过头时,警车也停了下来,下来了一位五十岁左右留着胡须的佩着枪的白人警察。

我原以为他只是进行日常礼节性的问好,于是我走向他和他的警车。可是他的第一句话不是"你好吗",而是命令我走到警车前头,让我手扶在车上,腿分开站好。

尽管他的要求有些奇怪,我还是照做了,而他看到我配合地站好后,就开始搜身。在掏出我的手机和钥匙后,似乎并不满意,继续追问我身上是否还有其他物品。我开始觉得有些莫名其妙,如果说这位警察只是例行巡逻,那么这盘查也未免太严格了些。我回头问他原因,他却让我不要把头扭过来,语气有些严厉。

尽管佩枪的美国警察就这样站在我后边,可是这时的我完全没有任何的紧张感。除了天热额头上不停流下的汗水干扰着我的思绪外,我反而觉得有一丝喜剧色彩。我一边配合他的搜查,一边不断地询问原因。从这位不爱说话的警察吐出的只言片语中,我渐渐明白,一定是他在远处看到我一个人在黑暗中用钥匙七拧八扭想打开房门,开门未果而离开这件事在黑夜里显得相当可疑,这位警察怀疑我试图潜入他人的屋子。这下我明白了,原来他怀疑我是坏人。

这个社区里稀疏的路灯,让每一幢房子看起来都大同小异,对于一个新搬来的人来说,找不到自己的住所一点也不奇怪,看到黑夜中刺眼的远光灯没有停步继续往前走也无可厚非。可是每一个听起来合理的理由,在昏暗灯光与安静小区的衬托下,都显得非常可疑。而出门没有携带任何证件的我,更是加重了他的疑惑。

我不断解释着"除非游客,否则没有哪个外国人会随身携带护照","八月份学校还没开课,我怎么会出门带着学生证",而他却不理会我的解释,不断地追问我同样的问题:你住在哪里? 你为什么要开别人家的门? 你为什么看到警车要走开? 我不断地解释着,却始终未能消除他的疑虑,我甚至开始怀疑自己的英语口语水平了——是不是我的英语不地道,让他听不懂我的解释?

尽管如此,在被盘问的过程中,我也没有联想到一年前发生在这里的黑人青年被警察开枪打死的事件,也没联想起关于美国警察滥用职权的种种负面报道,我只在心里暗想,这个尽责的警察实在有些"呆萌",我都回答了四遍,他还问个不停,于是情不自禁冷笑起来。也许是我的冷笑令他担心自己被我的"中国功夫"打倒,也许他想打破这一僵局,他要求我把手持续放在车引擎盖上不要动后,开始用对讲机说话,叫来一个在学校巡逻的校警支援。

看到这一幕,原先看过的美国电影片段在我脑海里闪现了。我甚至有些期待,期待他说出我在电影里听过几百遍的台词:你有权利保持沉默,但你所说的一切将成为呈堂证供!

可是在等待校警赶来的五分钟内,他却没有和我再说一句话。期间他不断地用对讲机说着什么,而我则期待能够来一个听力稍微好一些的警察结束这一出闹剧。我怀疑,是不是我作为一个男性却有一头飘逸的长发显得过于可疑,可是我身上既没有大麻味,又衣着得体,很难想象他是出于何种原因觉得我可疑的。也许最合理的解释就是作为警察的恪尽职守吧,毕竟"坏人"二字不写在脸上,也不绣在衣服上。

校警终于来了,是个二十多岁的年轻人,两位警察在远处交谈了一番,而我依然按他的要求,把手放在车引擎盖上一动不动。

谈完话,他们两位并排向我走来。当他们越走越近时,校警说道:"我认识这个人。"我抬起头看着他,心想这下可好了,我有证明人了。

校警有些激动,指着我说:"我在学校经常看见他。"尽管我完全不认识眼前这位年轻的校警,可是我还是开心于校警能够认识我。只要校警能证实我的学生身份,那么洗刷清白就容易得多了。

校警和颜悦色地问我发生了什么,我第五次解释今晚这个误会的来龙去脉。由于这些问题已经被问了四次,我的回答也越发流利,甚至连发音都变得标准了。在听完我的解释后,年轻的校警若有所思地点了点头,又和巡警低声说了几句,然后对我说道:"现在你告诉我你的地址,我们开车送你回去。接着我们看着你开门进去,然后你需要出示你的护照和学生证,之后就没事了。"

听了他的话,我松了口气,我收起了放在车子引擎盖上的手机、耳机和钥匙,走进那位五十多岁的警察的警车。

这一回,我轻而易举地用钥匙打开了我住处的门,我匆匆上楼,拿了护照想给他看时,他却摆摆手表示不看,说了句"以后记住你家的位置"后就走了。

我在门口扶着门,看着他慢慢走向警车,突然对他喊道:"晚安,警长。"他也许为由于自己的过分谨慎而浪费我二十多分钟有些愧疚,也许为自己防患于未然而沾沾自喜,总之他向我挥了挥手,一言不发地走了。

寒冬腊月掉进冰河中

圣路易斯并没有特别好玩的地方。

一日游或者汽车旅行偶然经过也许能够带来一些乐趣，可是在这座城市长住是枯燥无味的。这里的地标性建筑是圣路易斯弧形大拱门——"西进之门"，看多了，在我眼里也只是没有看点的两管钢铁。圣路易斯的森林公园大概是少数我觉得有意思的地方——尽管森林公园的名字和圣路易斯这个城市名字一样具有欺骗性。圣路易斯并没有留下纪念法国国王圣路易斯九世的庄严神圣感，森林公园也不是由大片茂密的森林组成的自然公园，它更像是圣路易斯城城西的一个娱乐中心：既有杰弗逊纪念馆、科学中心、历史博物馆、艺术博物馆，又有动物园、高尔夫球场，还有喷泉和小湖泊，不过更多的是一大片一大片平整的草地。公园有五百三十公顷，它的面积在整个美国所有森林公园中也是数一数二的，比美国纽约的中央公园还要大，这几年，每年都有一千多万游客到这里游玩,这个人数比每年去黄石公园和美国大峡谷的游客总和还要多。

圣路易斯的冬天十分寒冷,到处结着冰,阳光稀薄而暧昧,大地、河流、山脉显得十分空旷,密苏里河也显得清瘦了许多。这个寒假我没有回国,寒假快结束时,闲着没事的我,搭朋友的顺风车到了森林公园,像往常一样一个人漫无目的地闲逛。

尽管天气比前段时间暖和了好多,气温也已经上升到了七八度,可是结冰的河水仍然没有一点融化的迹象。我突发奇想,何不趁着春天到来之前,穿过一条结冰的河流?我在中国的南方生活了二十多年,很少见雪,河流也很少结冰,能穿越一条结冰的河流,我觉得是件有意思的事。

在花了十多分钟下定决心并且考察了多处水面后,我找到一条宽大约四米的冰河。

系好鞋带、整理好衣领后,我就小心翼翼地开始了尝试。

我把一只脚慢慢地踩在冰面上,冰面没有任何反应,看来这冰层够厚,足以支撑我的重量。我缓慢地将重心往冰面上移动,并且小心地迈出了第二只脚,冰面仍然没有动静。我开始慢慢地一步一步向河中央挪过去。

过了十几秒钟,我就到达河中央,尽管我只是缓慢地前进了两米,但这给予了我巨大的成就感,心想那些自诩征服雪山的登山者也不过如此,人生有时的确需要一点冒险精神,冒险会给人带来意想不到的收获。只不过,这个想法只在大脑里打转了片刻,当我继续低着头注视着冰面缓步前行时,我听到了冰面轻微的碎裂声,我的大脑甚至来不及反应或者产生任何想法,扑通一下,我就掉进了冰河。

在掉进冰冷河水中的那一刻,我的大脑好像短路一样,一片空白。我什么都没有想,只是本能地急促呼吸和慌乱地挥舞手臂与踢腾双脚。我想呼救,但除我之外,旁边没有一个人,大声呼救恐怕毫无意义,因为没有人能听见。

短暂的慌乱之中,我发现自己并没有沉入河底。我环顾四周,看了看自己,发现自己竟然站在冰窟窿中,环绕我的是有些裂缝而与河岸似乎合为一体的冰面,我好像是插在河中央的信号灯塔。还好,这冰河不深,刚及我腰部。但是在寒冷的冬天掉进刺骨寒冷的冰河中,这并不是件好玩的事。

我得赶紧想法子上去,我把手握成拳,一点点砸碎并掰开前面的冰面,两三厘米厚的冰面我可以轻易地打碎,开辟出一条上岸的道路,而不是被卡在厚冰中进退不得。

我能感受到前行时靴子踢到石头的阻力,也能感受到脚下河床上的那些石头和泥沙。原本清澈的冰河,因为我不断前行搅起的泥沙而变得浑浊。

几分钟后,我成功地上了岸。此时,裤子、鞋子和外衣下摆都湿了,就像长时间游泳后上岸一样,我感觉自己的身体无比沉重,又冻得瑟瑟发抖,赶紧找了一片干燥的草地坐下,检查自己放在大衣胸前口袋里的手机,所幸的是,身上最值钱的东西没有被弄湿。

我的裤子可以一点点拧出水来,脱下鞋子,又倒出不少水。这个样子有点狼狈,我打算等我身体和衣物稍微晒干些,再打车回家。

坐下来时,我才发现自己的右手流着血,指关节处都是伤口,一阵阵地发热,不知道是我砸冰时划伤的还是跌入河底时被石头划伤的。

大概是刚才的亢奋盖过了疼痛感,现在流着血的伤口报复性地给我带来一阵阵的疼痛,身上唯一的一包纸巾已经湿了,我没有什么东西可以包扎伤口,而我又不愿意就这样湿着裤子去打车,于是我坐在草地上,忍着右手钻心的疼痛,等待裤子晒干。我庆幸自己掉进的冰河不深,只有一米多的深度,如果河水深到两米,那可能就是另外一种结果了。

过了十几分钟,疼痛越发剧烈了,这时我看见一对五六十岁的白人夫妇牵着一条大狗经过,我拖着沉重的步伐走上去,想问他们能不能给几张纸巾。虽然担心自己窘迫的样子会被当成流浪汉,但是转念一想:戴着眼镜的流浪汉大概也不会坏到哪儿去,不至于吓着他们。

白人夫妇看到我向他们走来,就把狗稍稍往后拉,等待着我靠近他们。我把刚才的经过简单地说了下,这对陌生的夫妇眼里满是关切,问我需要什么样的帮助,我说我需要几张纸巾来止血,并说自己待会儿打车回家。白人夫妇好心地问我要不要送我回家,我谢绝了。因为我不想麻烦陌生人。但这对善良的白人夫妇执意要送我回家,尽管我怕麻烦他们一再婉拒,不过最后他们耐心说服了我接受了他们的帮助,我不好意思地坐进他们的汽车。

丈夫开车,我坐前排,太太带着狗坐在后排。

我慢慢地坐在他们车子的前座上,尽量用上衣遮盖住自己的裤子,以免自己湿漉漉且带着水藻味的裤子弄脏他们的车,而那位和善的白人太太却以为我想要掸去座位上的狗毛,解释说自己家的狗是不掉毛的。

在他们载我回家的十几分钟里,我一面注意不让自己的湿裤子弄脏他们的座椅,一边和他们交谈着,得知他们都是律师,就住在森林公园旁边的别墅里,每周都会带着自己家的狗来这里散步。得知我是来自中国的留学生后,他们问我专业和年级,并问我对美国的印象如何。

在聊天中,十几分钟过去了,快到家时,我想请他们来我公寓坐坐,请他们喝杯茶以表示感谢,那位妇人谢绝了,她说她的狗在后座显得有些不耐烦,想要回家了。下车前,那对夫妇留了他们家的电话给我,并让我下次再去森林公园时联系他们,可以一起聊聊。

这以后,我并没有去找过他们,因为怕打扰他们,但是这对友善的白人夫妇,让我一想起来就倍感温暖。

"三观"不同，我跟最要好的美国朋友疏远了

凯文曾是我在美国最好的朋友。

第一次见到他，是在本地的漫画桌游店，我在一场万智牌比赛中击败了他，他不断抱怨着自己运气不好以及我的好运。不过，说实话，从那一天他在万智牌游戏上的操作到他那种嬉皮士的造型，都没有给我留下任何深刻的印象：一米七几的普通身高，身材也不像其他美国人一样壮硕，看上去有点瘦削，属于"瘦肉型"，七三开的金发，蓝色的眼睛，蓄着胡须，穿牛仔裤与 Vans 板鞋，从外表和打扮看，是一个很普通的美国大学生，跟我在学校里碰到的别的美国大学生没有什么两样。

第二次碰到他是在学校，出于礼貌和他稍微聊了几句后，得知他是历史系硕士在读，由此我对他的好感度顿时陡升：一方面我厌倦了身边认识的人千篇一律地读商科，碰到一位读历史专业的人简直是"万绿丛中一点红"，想必他像我一样，对人文有浓厚

兴趣;另外一方面,万智牌是一个小众的爱好,能够在同一学校碰到一位玩伴,以后想玩也方便很多。于是我们互换了电话号码。

就这样,他的名字在我的手机通讯录里躺了一个多月,直到某天,我发现周末没有小论文与考试的纷扰,就试探性地邀请他来我家玩玩万智牌聊聊天。所谓的我"家",其实是我在校外租住的房子。

我一边和他玩着万智牌,一边抛出一些社会问题试探他,而他在言谈间,总有一些独到的想法,这让我对他刮目相看。与他聊天越久,就越是觉得他是个有趣的人。而"有趣"是我能给一个人的最高评价之一。

与他的外表一样,凯文的生活方式也非常"美国":他通过助学贷款读本科,而支撑他继续背着贷款读研究生的动力,纯粹是对历史这一门学科的热爱。凯文与哥哥一起,住在父母的一幢空余房子里,每月向父母象征性地付一些房租。他不是富家子弟,也不是贫寒人家的孩子,只是一个美国普通家庭走出来的青年。

尽管凯文过着非常"美国式"的物质生活,但他的思想里颇有种中国古代兼爱众生的态度。他觉得吃肉残忍,因而坚决做一个素食主义者。在凯文七年多的素食生涯中,他偶尔会因为自己的饮食习惯被人说成是"娘炮",对此,他有点无奈,不过他也没想过放弃他的素食理念。他偶尔表达出自己对美国种族隔离制度的厌恶:他用学术知识告诉我美国种族隔离制度的生成原因与带来的后果,而且他现在在做的硕士小论文,主题就是研究他家所在的小镇人种迁移的现象与原因。

我和他的聊天话题,像万智牌一样曲高和寡,我们总是讨论形而上的话题,多半是关于历史与社会学的。我和他互相交流一些历史事件的意义,或是闲谈一些社会现象,再或是交流最近的读书心得。我有时也会对主修历史也热爱音乐的他,问出一些尖锐的问题,比如:"历史是个伪命题。人们研究的是某一物或思想的历史,纯粹的历史是不存在的。'历史'作为一门学科不可能研究一切历史,否则将显得过于庞大与臃肿,而现在历史研究的方向多半是社会学或是人类学的,我觉得,历史应该归为其他具体学科的副科。""音乐不应该被认为是艺术的一种,因为没有歌词的乐曲造成的是'共感'而不是传达思想,而纯粹的形式上的美,不应该被称为艺术。"

对我诸如此类的看法,凯文不会觉得受到冒犯,而且他也总能在思考十几秒后,以自己的缜密想法作为回应,从另一个角度看待问题并和我探讨。尽管他的观点我不尽赞同,但我认可他认真的态度和想法。凯文也会向我提出一些也许其他亚洲人会觉得受到冒犯的问题,我也尽量从客观角度加以回答分析。这样与他你来我往的互动,成了我当时在美国觉得最有意思的事。

也许出于玩万智牌与学识上互相欣赏建立的友谊,在去年学期结束前一个多月,凯文邀请我,还有他的哥哥 Matt 及他的朋友

Cory，在这学期结束后一起去拉斯维加斯参加一场万智牌比赛，顺便旅游。我甚至都没有问具体时间以及出行方法，就一口答应了。即使过了不久知道他们为了省钱决定驾车而不是坐飞机前往，我对这一场旅游的期待也丝毫没有减弱，我想着这二十三小时在睡觉和聊天中很快就会过去的，而且途经亚利桑那州和内华达州时，还能看到很多壮美的山川。

这一次旅行约定，加深了我们的友谊，我们也有了更多见面的理由，我们更加频繁地见面交流看法、练习万智牌、安排旅程。他总是下午三点多到我家，离开时往往是凌晨两三点。

在前往拉斯维加斯途中，我们一路聊天，我说出了一个之前没有和任何一个人交流过的想法：尽管民族并没有优劣之分，但是如果在某一方面给定一个具体标准，那么每个族群都是能被评价的。比如从跑步跳远等体能角度评判，亚洲人会排在非洲人后面。因为这是一个敏感话题，所以我们永远不知道正确的答案是什么。

凯文正在开车。当我抛出这个想法时，他头也没回，说我的想法是种族主义观念，他说：用任何指标去衡量一个种族都是没有意义的。后来我回想起来，他家就住在弗格森，一个曾经的白人小镇，却因为黑人涌入与白人迁出而逐渐"黑化"。在这个小熔炉里，他想必也耳濡目染地对种族问题非常敏感。我原本想举出更多例子支持我的观点，但是我选择了沉默。

经过二十多小时的旅程，我们终于抵达了拉斯维加斯的宾馆。拉斯维加斯是个纸醉金迷的销金窟，这座沙漠中建立起来的城市，不仅有赌博产业，还是娱乐、休闲、购物的天堂。关于拉斯维加斯，有这样一个笑话，飞机上，一位乘客问邻座：刚才机长说了些什么？邻座回答：机长说，拉斯维加斯就要到了，请大家系好自己的钱袋。

我们的宾馆就在一个赌场里，我们稍作休息后就去体验赌场。我的新奇感在看了五花八门的赌博机后就消失殆尽，一方面我厌恶赌客的吞云吐雾，另一方面我无法体会到把大把金钱投到一个机器并且与之互动，最后失去自己所有钱能获得的快乐。比起凯文他们不断地把钱扔入那些飞镖机器或者扑克牌机，我觉得站在赌场中央观察一个个神态各异的人更有趣：他们或是着魔般地盯着小屏幕，或是泰然自若地叼着烟，或是因为赢了四五十美元欣喜若狂。

"来维加斯不赌钱还有什么意思？"凯文问我。

"去阿姆斯特丹就一定要逛红灯区吗？"我捂着鼻子望着他，希望能够减轻赌场强烈的烟味的刺激，"你们玩就好，我在旁边逛逛。"一直以来，我不会为捍卫自己坚持的理论而和朋友争吵，也不觉得和好朋友探讨一些敏感而有争议性的话题有什么不对。不过现在回想起来，和他们几个好赌的人在一起显得清高或许是个错误。

在回来的路上,我们路过一个国家公园。看着国家公园里那一片山川,我一张照片都没拍。我几乎是无动于衷地凝视着连绵的橘红色的山谷。凯文问我风景如何,我只是回应了句:"还可以。"我一直觉得自然风景坐在电脑前或是看着画集欣赏就足够了,因为这些所谓的鬼斧神工,无非是特定颜色与形状的组合,最优美的风景是人文景观,因为那显示的是文明的进程,而且是独一无二无法模拟的。我原本还想说,自己最喜欢的一张照片是在旧金山的新年夜晚拍的,那时夜空中不断闪现着烟火,拥挤的人群不约而同地拿起手机试图拍下焰火,而我拍下了人们举起手机的场景,那一刻,手机此起彼伏的闪光灯与焰火一样耀眼,那是非常有趣且让我长久记住的一幕。但是我没有说出口,因为凯文已经离开我,朝他朋友与哥哥所在的山峰走去了。他似乎有些不满,看得出来,他对我的审美观不以为然。

拉斯维加斯之旅后,我曾经发短信给他,问他要不要过来玩玩,没有任何回复。那之后,我和他再也没有联系过。后来我再次看到他,是在一个月以后哥伦布的一场万智牌大奖赛的赛场上。隔着五六米,我看到了他,而他没看到我,他在向他的对手抱怨着这个赛场的规则是多么不合理。

我与凯文就这样疏远了。这无关对错,两个读过些书的年轻人,有共同的兴趣爱好,也曾经惺惺相惜,最终难以成为心心相印的朋友,因为我们从学术观点到审美眼光截然不同。原本这一切的分歧,被万智牌这一爱好与对拉斯维加斯的期待掩盖,一场旅游使我们意识到了彼此想法上的差别。中国有句古话,道不同不相为谋。我与凯文的交往似乎也印证了这句老话。再套用一句流行的话来说,我们"三观"不对路,走着走着就成了陌路。

尽管后来我在美国也结识了别的有趣的朋友,但我仍然有些怀念这个想法和我截然不同的凯文。

富同学与穷同学

　　大学与高中的一个不同之处在于,大学的人脉网会出现一个"断档"。

　　高中同学大多是同一个城市的老乡,班里可能会有以前的初中同班同学,同桌可能是附近另外一所学校的毕业生,学习委员可能是自己小学的校友。正因为如此,吹牛是一件高风险的事情,大谈特谈什么"想当年",是有被在隔壁班的初中同桌拆穿的可能的。

　　而到了大学则变得不同,同学来自天南地北,如果上的是外省大学,能在同一所大学碰到几个原来关系不错的朋友就算是"他乡遇故知"了。而留学生更是如此,他们面对的不仅仅是来自全国各地的华人,还要面对来自全球各地的学生。尽管有一些是同一所国内大学毕业出来的学生,可彼此间可能连名字都不知道,跟生人无异。因此,面对外国人,完全可以放大胆地吹牛,就算牛皮吹破了，也只会令人觉得这个人的口才特好。曾经某场国际生联谊会上，一位大陆留学生就对着几个日本韩国留学生眉飞色舞地讲述不知道从哪本书上看来的一些奇谈怪论，见几位听众听得聚精会神而且不时点头，我恨不得也上台胡乱表演一套赵氏太极拳，然后说自己是张三丰的嫡传弟子，估计也能引来崇拜中国功夫的洋同学们敬仰的目光。

在国外，每个人的资料似乎都被重置过，有了一个崭新的开始，这样有喜也有悲：有些人在国内拥有种种荣誉、班干部的身份和肩上的"杠"，到了国外，却为成了百万留学生中毫无特色的一员而郁郁寡欢；也有人庆幸能够和不堪的过去一刀两断，有机会洗心革面，努力成为一个与众不同的人。

学校里的华人留学生来自五湖四海，虽然人数不算多，但也是各有特色的。

也许是由于来自网络的偏见，也许是一些报道有失偏颇，20世纪80年代留学生的元老们留下的"出国深造"和"为中华之崛起而读书"的印象已经荡然无存，在一些人眼里，现在的留学生似乎都是些"人傻钱多"的阔少。

阔少的确有，我一朋友在俄勒冈读书，当地报纸《纪事卫报》就说：富二代中国留学生涌入俄勒冈大学，学校的停车场上，停满了中国留学生的豪车，除了宝马和奔驰，还有宾利、兰博基尼和阿斯顿·马丁。当地的奔驰经销商说，多亏中国留学生客户，他们当年的销售业绩创了最高纪录。

我认识的一个富同学，家里开高档酒楼，日进斗金，父母忙于生意，没人管他。他在国内成绩太差，高中时就被父母送到国外留学，因为以他在国内的成绩，根本不可能考上好的大学。他在国外的这几年，英语倒练得挺顺溜，适应能力也不错，有钱的父母怕他在国外吃苦，给了他一张卡由着他刷。考上大学后，他刷卡为自己买了辆豪车，又谈了一个女友，与女友在校外租了一套房，他乐于有事没事就开着自己的敞篷跑车与女友到处兜风，看中心仪的东西就"喜刷刷"，四年大学结束了，他却毕不了业，因为没有拿到应有的学分。还有一位富同学，父母觉得租房子委屈了自家的宝贝儿子，索性在他留学的城市，给他买了一栋房子，大间给儿子住，其余几间租给同学，用租金还贷款，绰绰有余。过了几年，当地的房价上涨，上涨的部分刚好相抵四年的留学费用。

在我的观察中，尽管有些富同学确实让我觉得他们的留学道路是用金钱砸出来的，但他们仍然是学习刻苦的留学生，为考试努力复习，上课认真听讲，就算家境好，平素也不张扬，他们的经济条件比别人优裕，使得他们比别的同学有更多的机会开阔眼界，去见识更多的东西。

所幸无论多有钱，一个人同一时间只能开一辆车，只能睡在一张床上。而学校对所有学生是一视同仁的。不管富同学多么有钱，学校都没有贵宾室供他们休息，参加考试也不能充值会员以换取答案，甚至有些学校整个校区内都没有人均消费超过二十美元的餐馆。刚开始时，大家可能还会对富同学的名牌大衣多看几眼，可是几次之后，关注点就会转到他们的性格与学业上去了。

更多的留学生家庭的经济情况都处在同一水平上，谈不上穷，也称不上富，家庭也许已奔小康，却并未实现更高层次的富裕。家庭间贫富虽有差距，但是却也不会过于悬殊。学校里的同学，也是千人千面，有些家境一般的同学由于虚荣心作怪，花起钱来，甚至比富同学还要大手大脚。所以，在留学生中，开一辆豪车也许代表家境富裕，但是不开豪车却不代表家境一般；爱旅游也许代表有闲有钱，而不爱旅游却不代表无钱支付机票；哪怕是每日吃泡面，也许也只是因为懒惰或是怀念国内的口味。同样的，有一些同学频繁地去教会参加活动，并不是因为虔诚地信教，也许只是想要蹭顿饭。

学校里有富同学，也有从牙缝里省钱的穷同学。在我身边，穷同学读书的刻苦劲头的确比富同学要足，因为他们知道自己出国不易，且没有退路。有些家境不太好的穷同学，想方设法地在这个物价自动要乘以六点多的国家，为家里省些钱。他们中有一些是品学兼优靠着奖学金出国的，但是优异的成绩无法让他们在餐厅自动获得优惠。这几年，在国外拿奖学金也越来越难了，除了成绩顶尖的个别学生能拿到奖学金外，绝大多数的留学生只能望奖学金而兴叹。

留学的费用是一笔不小的开支，真正意义上的贫穷很难出现在留学生中，吃了上顿没下顿的留学生我几乎没有碰到过，穷与富，大体体现在学习之外能否痛快花钱上。

我认识的一位女留学生，父母都是工薪阶层，家里有两套房，为了支付女儿四年昂贵的留学费用，不得不卖掉一套房子，卖房所得的一百万元全用来支撑女儿在美国四年的费用。

为了给家里节省开支，这些穷同学很少回国，而是选择在假期勤工俭学，为自己挣回生活费，他们平时几乎从不下馆子，经常是自己做饭，几年下来快成了好厨子。穷同学们最喜欢去平民超市购物，因为平民超市的东西非常便宜，某些饼干类食品价格只要一美元或不足一美元，比如香蕉价格是一磅 0.35 美元。能省一美元是一美元，为了省钱，他们有时连必要的人际交往也省去了。

还有些同学，几年都蜗居在自己大学所在的城市里，从来没有出去旅游过。我认识的一位女生，成绩非常好，是个"学霸"，有国内大学提供的奖学金，在美国上学几乎免费，但是她在学习之余，每天都在电脑室打工，这份收入几乎冲抵了她平时本来就不多的生活费，她经常吃速冻食品，极少在外用餐。在美国的四年，她只需要每月付四百美元出头的房租和水电费就好，而这无非是北上广深一间小出租屋的房租价格。四年苦读后，她以优异的成绩毕业，并被一家有名的跨国公司录用，这样的结果，算是对得起自己付出的辛苦，也对得起自己的青春。

贵得要死的教科书

　　我的父母都是读书人，家里有三个书房，藏书万册。从小学起，我就有独立的书房，从小到大，我从来没有为买书纠结过，在国内，不管什么书，想买就买，父母还会因为我买书而高兴，觉得我是爱读书的孩子，不容易学坏。他们还隔三岔五把他们认为好的书直接买来，放到我的书桌上。记得读初中时，一个在书店工作的叔叔还送了我整整三箱书。对我而言，买书从来不是问题，可我万万没有想到，在美国买书会这么纠结。

　　到美国的第二天，我在 eBay 上买了两本书，一本是叔本华的《作为意志和表象的世界》，一本是希特勒的《我的奋斗》。这是我在美国第一次买书。对于叔本华的这本书，我希望对比中文版阅读以加深理解，同时学习一下英文哲学术语，也许日后还能在与一些教授的交流中用上。后一本是在国内没有出版的书，买这本书主要是出于好奇，想知道希特勒这个纳粹恶魔在书中到底贩卖了什么。由于学业的繁忙,这两本书中,《我的奋斗》我稍微看了下,而《作为意志和表象的世界》因为太过枯燥,我只看了第一章。当我毕业回国时,我把这两本书留给了一位学习英语文学专业的朋友。

在国内时,我偶尔会在亚马逊买几本英文的书配合辞典慢慢读,手机也把默认语言设置成英文,恨不得商场的商品标签也是英文的,这样可以多锻炼一下英语能力。可是到了美国这个英语的世界,整天被英文包围着,却不想再去读教科书以外的任何英文书,尽管去电影院看电影也能勉强听懂英语对白,可我却更加想要躺在床上看一些国内提供版权的有中文字幕的电影。很多留学生跟我一样,在国内狂看英文,到了国外却改看中文。在国内看英文,是为了提高自己的英语水平;在国外看中文,是因为对英语产生了审美疲劳——课堂要求的阅读和作业已经够多了,需要用中文调剂和放松一下。罗曼·罗兰有句名言"我求索我得不到的,我得到我不求索的",大概就是这个意思。

出国以前我就听说,国外的书籍价格非常昂贵。我想能贵到哪里去,在国内时就在网上买过些外文书的我,一直以为那些说法不靠谱,毕竟亚马逊上那些外文书原价也无非二三十美元上下,即使算上汇率也算不上太贵。我在美国第一次买的两本书,一本十四美元,一本十八美元。价格也在我可以承受的范围内。

然而第一学期买教科书的时候,书价之贵却真的令我大吃一惊。美国的大学不同于初高中,学费里面不包含教科书费用。每门课开课前,教授都会初步列出几本教材在课堂使用或者作为参考资料。哪怕同一门课,不同教授也会列出不同的书单;哪怕同一教授,在不同时期可能也会由于口味变化更改书单。让我没想到的是,美国的教科书这么贵,不少教科书动辄七八十美元,有的甚至要一两百美元。在学校书店买书,还要在原价之外算上百分之九的税,一本可能只用一学期的书,折合成人民币,要五六百元乃至一千多元,简直是天价。我算是明白了什么叫"知识价更高"了。

面对那些不得不买却又贵得要死的教科书,学生们总有着自己的方法和技巧来购置。阔绰的学生不用考虑价格,他们眼皮也不眨,在书店按照书单全部买下,学期结束后,这些教科书就被扔在角落里不闻不问;普通学生则敲击着键盘,寻找一些商机——不少高年级的留学生学期初会在 QQ 群上叫卖一些教科书,以一个比原价便宜得多的价格,把他们上学期用过的教科书转卖给其他同专业的留学生;还有些节约的学生,选择几个人拼着买书,或者在网上买本品相不太好的二手书,指望下学期能够把书再卖给其他人。剩下一些人则死皮赖脸地不买书,只是不断地向其他同学借书,几次之后,连自己都不好意思再向同一个同学开口了,就再换另外一个同学,总之,能省一点是一点。

我没有那么多选择,这一届传播学专业只有我一个华人,而上一届传播学专业，也只有一个中国留学生。我从没见过 QQ 群有人叫卖传播学专业的教科书，也没有人在群里求传播学专业的书。而书是非买不可的，只是书价令人咋舌。看着令人生畏的书价，我只能另辟蹊径，寻找其他便宜的买书途径。

第一个想到的方法是租书。既然无法从同学那里借到书，那就从学校书店租书。可是书店的黑心程度却令我有些匪夷所思：一本八十多美元的教科书，租借一学期的价格可以达到五六十美元，跟买一本新书差不了多少。尽管亚马逊上的租书价格要便宜些，可是学期末还要把书寄回去，这一系列复杂的操作问题，让我下定决心还是直接买书，并且指望以后运气够好能卖掉弥补点支出。

二手书比一手书要便宜。抱着买最便宜的教科书的原则，我在亚马逊买书时不但买二手书，而且按照价格从低到高排序，挑选了一本价格最低而又不影响阅读的书。令我失望的是，即使是品相最差的二手书，也要原价的一半，我别无选择，只能买下。第一学期，我只修了四门课，可是教科书却买了六本，都是根据教授提供的书单买的。书是买来了，可其中的几本，在整整一个学期中，教授几乎没有提到过。有几次我出于好奇翻看了几章，之后就束之高阁了。而即使是那些使用率高的教科书，也无非是作为课外阅读材料或者是教授在布置阅读任务时用的。

第一学期过去了，考完试，这些价格昂贵的书，也失去了利用价值。我在学校圣诞闭校之前，带着厚重的六本书去书店，希望能卖掉几本。我拿出第一本书——一本从没有带到学校去过的，看起来崭新的书给店员，店员扫码之后，说了句"fifteen"。什么？才十五美元？我以为自己听错了，毕竟五十和十五的英文发音很相近。我重复了一遍她说的话，以疑问句的语气反问道："fifteen?"

"是的。"她看着我说道，她也许还能看到我额头上因为吃惊而挤出的几条皱纹。一本我从亚马逊上买来的九十多美元的教科书，崭新的，跟新书没什么两样的书，书店的收购价才十五美元，而且不仅它，其余每本书的收购价都低得惊人，这样的低价出乎我的意料，失望之下，我捧着书扭头就走。

买书难，卖书更难。而要挑一本正确的书，同样不容易。

有一门专业课，教授布置了一项阅读任务，要求阅读课本的内容，然后根据阅读内容回答一些问题以及写一篇小短文。可是看到教科书的第三章后，我发现书的内容和教授布置的作业内容不太一样，我以为是因为自己的英语水平不够好没看明白，只好硬着头皮写好作业上交了，教授给出的分数自然不理想。后来有一天，原本不用带书上课的我们，被要求带上课本参与课堂小组讨论，看着其他同学和我封面不一样的课本，我怀疑自己买错了书。借了他们的书翻阅了一遍，果然发现自己买错了版本。

不少教科书由学者编撰，而这些学者会定期对书籍进行修订,有些修订无关痛痒,只是对一些章节做些增补或删减,而有些是大改动,对整本书进行结构性的调整。教授指定的这本教科书是第七版,而我却错买成第六版。后来我和教授反映了我买错版本的情况,才有了补写以前作业的机会。为了那一学期剩下的作业,我重新买了一本第七版的教科书。唉,谁能想到在网上输入书名后,满屏幕的英文搜索结果中排第一个的书,不是最新版本呢。

到了第三学期,我渐渐将阅读习惯转移到电子书上。之前某一学期教授布置的结业作业,就是关于电子书市场与纸质书市场的,热爱纸质书的我,在文中还用了一个自以为很贴切的比较:即使在咖啡机已经普及,且人们可以随时在家中泡一杯好咖啡的今天,不少人仍然对实体咖啡店趋之若鹜,可见两者并不存在直接竞争关系。在实体书店汗牛充栋的书丛中,寻宝一样发现自己喜欢的书而产生的惊喜,是电子书难以给予的。可是在美国,原本是坚定不移的纸质书拥趸的我,却渐渐地改变了读书习惯,开始习惯阅读电子书。因为在读纸质书本时,每次看到不熟悉的单词就要放下书本打开手机查单词,影响阅读效率也影响阅读体验。而在电子设备上,只要点击词语就能显示中英文解释,这样的阅读体验比读纸质书要好。另外,电子书也是学生的福音:电子书比起纸质书稍微便宜了些,而使用亚马逊提供电子图书的租书服务,又比购买电子书更加便宜。租借价格根据租借时长决定,尽管不一定达到便宜十几二十美元的期望值,可是这是我在美国能找到的最便宜的租书方法了。

　　毕业后,教科书便没用了,我通过 eBay 卖了几本教科书,而剩下的,在回国前全都捐给校图书馆了。高尔基说,书籍是人类进步的阶梯,如果此话当真,那么国外的教科书一定是用红木地板铺成的阶梯。

神秘兮兮的"国宝"同学

　　我和他在学校公寓的同一幢楼生活了一学期,在同一学校生活了几年,和他每次见面都会打招呼与寒暄,我却不知道他的真实名字,只知道他叫熊猫。中国人有姓熊的,但起的人名,肯定不会是熊猫——除了爱吃竹子的国宝。

　　熊猫同学不肯告诉我他的真实姓名,也不肯告诉我他究竟来自何处。

　　他长得胖乎乎的,个头也高,有一米八左右,这样的身高在一定程度上能够化胖为壮,熊猫同学平时戴着一副眼镜,总是穿着年轻人喜欢的板鞋和运动服。这一身打扮让我觉得似曾相识,像是从小学到大学每个班级都会有的一个胖子,他们一般都有着同样风格的打扮、相似的性格,都由于爱说话和爱开玩笑拥有不错的人缘。

　　熊猫同学的确爱说话,第一次见到他,是在学校举办的国际生新生见面会上。与那些刚到美国显得有些不知所措而抓住别人问东问西的新生不同,他对美国的一切显得胸有成竹。后才来知道,他到美国有一两年了。当我在认真地听着台上老师因为照顾新生,用极慢的语速讲解学校和美国政府对留学生的政策时,他则和坐在边上的人聊天,时不时点评台上那位女士的话是"扯淡"。

第二次见到他,是在新生见面会后针对留学生进行的英语等级测验时。每一位新入学的国际生都要接受英语测试,根据英语测试的结果,决定入学后是否要修英语课,以及修几门英语课。我和他在候考期间编号相邻,于是我们就聊了一会儿。他告诉我,他和我坐的是同一班从上海浦东国际机场飞往美国的国际航班,只是我在飞机上一直看书,没有注意到他。

他东拉西扯地跟我谈开了,就像不少人缘好的人,他显示出晓而不通的广泛知识面以及娴熟的闲扯技巧。尽管那些流于表面的交流,让人在获得几分钟他乡遇故知的错觉后什么都没留下,不过,在异国他乡,能碰到这样一个爱说话的校友不会让人感到无话可谈。只是,熊猫同学喜欢谈虚的东西,谈到实的,他就虚晃一枪了。我和他的第一次谈话中,我什么干货也没了解到,我甚至不知道他姓甚名谁,也不知道他是哪里人。

"你怎么称呼?"

"叫我 Panda(熊猫)吧。"

哈,熊猫,原来是个"国宝"同学。

当我随口问了一句"您哪里人"时,熊猫同学犹豫了一会儿,回答道:"算上海人吧。"

什么叫"算上海人"? 我一时没明白过来。

后来在与我和他共同的两个朋友聊天时,大家无意中说熊猫是哪个地方的人,答案分别是:上海、杭州和温州。原来,这两个朋友跟我一样,也问起熊猫同学来自哪里,没想到,熊猫告诉我和其他两个朋友的地方是不一样的,他跟我说自己算是上海人,跟另外两个朋友则说,算杭州人和温州人。大家这才觉得有些奇怪,原来身边的这位熊猫同学颇有些神秘。别的同学叽叽喳喳还在猜测着,说神秘的背后指不定隐藏着什么故事,脱离了爱幻想年龄的我却不愿猜想他是否有一段坎坷的身世。虽然我心底里认为他来自温州的可能性更大,但他说自己"算上海人吧",那我就当他是上海人,也许是他努力想装成来自大城市,以给自己的社交增加些底气,或者有什么往事不愿提起,不愿告诉别人他真实的家乡是哪里。

熊猫同学的英语不错。刚到学校,我们就进行了入学英语水平测验,测验结束后,就像国内期末考试大家喜欢在考完之后对答案一样,我们互相询问结果如何,要修几门英语课。成绩不好的学生带着焦虑,想要找一些英语水平同样不好的人一起选课,以便分在一个班;而成绩好的学生努力做到喜悦不形于色,以免自己的得意刺激到别人。

哪怕是我这样一个不爱说话的人,也有几个看着脸熟的人带着好奇或失落问我结果怎么样,要修几门课。在听力、写作、口语几项测试中,我需要修一门高阶口语,这让我怀疑这种考试的专业性,毕竟雅思考试的所有项目中我的口语得分是最高的。在一群拿着白色成绩单的人中,熊猫同学问得特别勤快,不断地问旁边的人成绩如何。问到我时,我随口反问道:"你呢?"他笑着回答:"我啊,一门都不用修。"熊猫同学一方面想炫耀自己的英语能力,一方面又矜持地等待着别人反问,这让我觉得有些好笑,可是又不得不佩服他在社交场上的老练。

熊猫在学校的社交圈里如鱼得水。每次学期初,都是教堂活动最频繁的时期,尽管理论上上帝的爱是无条件的,宗教是超越语言、跨越民族的,可上帝的子民们的爱却是有条件的。亚裔们总是不愿加入黑人教会,甚至白人教会也不会去,通常只会参加亚裔教会。亚裔教会不但有学校的华人学长提供免费车子接送新教徒去教堂,还提供免费的晚餐。于是,很多同学跟着去了教堂。

醉翁之意不在酒,去教堂的学生之中,虔诚教徒难有一二,大多数人都怀着各自的目的:一些女生希望在教堂傍上一些有车的"大款";有些新人希望找些前辈指点迷津;有些同学只是希望有一顿免费的晚餐;有些老生希望能够勾搭上一些"单纯"的新生;

还有些人,把教会当作华人交友会,虔诚信教的人反而成了少数。也正是因为如此,我去了几次就再也没有去过了。而熊猫同学却在那里混得风生水起,常去教堂的他,朋友圈大了一圈。而我因为不爱社交,和包括他在内的华人校友见面的机会越来越少,只有偶尔坐校车去学校时才会遇到。

学校距离学生公寓有十五分钟的步行路程,开车的话,只要五分钟,平时学校有校车接送我们。校车是美国校园的标配,用来接送学生。这原本不远的路,在冬天显得有点漫长,中西部凛冽的寒风,刮在身上让人受不了,尽管路程不长,但大家都不愿顶着寒风走路上学,都是坐着校车去学校的。在校车上,我偶尔会碰到熊猫。我和他有着不同的专业,学的是不同的东西,为了打破尴尬的沉默,我们就开始找一些共同的话题,比如偶尔抱怨一下学校的伙食,有一句没一句地抱怨不靠谱的老师或者同学,或者将自己身边里的一些奇闻逸事说给对方听。

他知道我曾经玩过 DotA 游戏,有几次怂恿我和他一起玩 DotA2,可是我以自己反应能力太差和电脑配置太落后谢绝了。他也住在学校公寓里,就住在我的楼上,就在我的正上方。由于不同的作息时间和课表,平时我们难有见面机会,偶尔能让我感受到他的存在的,就是他在深夜玩游戏时激动的呐喊,这激动的呐喊声在夜深人静的时候显得格外清晰。我不知道,除了我,还有谁也被吵醒过。想来沉浸在游戏中的熊猫同学是极其快乐的。

这令我想起当我和他说我倒时差花了将近一周的时间时,他却表示由于自己平时玩游戏经常昼夜颠倒,十几小时的时差也无非是睡上一觉就能解决的问题。我不禁佩服他的适应能力。不像我,时差倒了一个星期,人还昏昏沉沉的。

爱社交的熊猫比我更深更快地融入学校生活中。有几次在校车上碰到他,他已经和一群我不认识的华人学生混在一起了,而且,我的几个朋友,都知道这个快乐的胖子。我和他打了个招呼,没有说话,因为他正和几位女生聊天,女生问他要不要参加这个周末教会的活动,他笑着回答说,去啊,我喜欢好吃的,在周末能享用到免费的晚餐,为什么不去呢?学校的美式快餐大家都已经吃得倒胃口,要想在校外的餐馆享用一顿美美的晚餐,至少要花去十美元的生活费,周末教堂有免费的晚餐,还能打发无聊的时间,这是多好的事啊,难怪熊猫同学这么上心。

我从学校公寓搬出去后,就没有再见过他。尽管他大我一岁,但是不知什么原因他比我低两年级,虽然我跟他有多次的接触,但一直到我回国,我还不知道他的真实姓名,至于对他的家庭情况,更是一无所知。当我毕业的时候,熊猫同学还在美国继续求学。想起他那张胖乎乎的笑脸,我就希望熊猫同学在美国继续开心下去。

一个留学生的 AB 面

他是我在国外几年见过的最与众不同的留学生，也是一个令我觉得难以贴标签、难以定义的人。

我甚至都不记得我是什么时候认识他的。他是音乐专业的学生，个子不算高，但是看起来特别自信开朗，像不少艺术生一样，他也染着一头让我分辨不出是金色还是浅褐色的头发。每次在学校见到，我们都会客气地相互点头。直到后来有一次，我在学校公寓附近碰到他，礼节性地打招呼后和他稍微聊了几句，最后话题跑偏到人生上我们才发现，我们的人生观出奇地相似，他邀请我去他的房间聊天，这算是我们正式交往的开始。

他和我一样住公寓的二人间，这是留学生最主流的配置：单人间价格太高，四人间则太过拥挤，更何况还要应付三个文化背景不同、性格不同的人。后来，他的室友搬走了，他付了两人间的钱一个人住，为的是图个清静自在。学艺术的人，家庭条件大都不错,他也不例外。

他的房间有些凌乱,杂物从公寓门口延伸到客厅,直到厨房;大概有十双不同款式的鞋子放在鞋架上,客厅中央铺着一条健身毯,地上放着健身球和黑色的健身器材支架,还有用网状袋装好的从洗衣店拿回的衣服以及将要送去干洗的衣服。灰色沙发上摊着花花绿绿的教科书和白色的试卷,旁边立着一个摆放乐谱的架子和一个吉他,还有杂七杂八的纪念品,他告诉我,这是在其他美洲国家买来的。餐桌上摆着苹果电脑,iPad,还有 Monster 音箱,厨房里摆放着各式各样的红酒。

这种追求生活质量的生活方式与凌乱的房间形成了一种反差,正如后来我所发现的,他的性格也是如此。

我们聊人生,也聊各自的经历。

有一次,他用美声唱法给我唱了一首意大利歌曲,问我怎么样。作为音乐门外汉的我,除了感觉他唱得很投入很动情、声音很洪亮外,就听不出所以然说不出所以然,只干巴巴地说了句很好。他受到鼓励,说自己经常昼夜颠倒,在考试前一个晚上的两三点还在练习美声准备考试。他还说用自己的苹果电脑连着蓝牙音箱,一边大声外放着西班牙歌曲一边在奔放的旋律中写他的小论文,导致隔壁的韩国留学生情侣经常半夜被他吵醒。那对韩国情侣也因此向他抱怨过,甚至向公寓投诉过。

虽然我也经常过着昼夜颠倒的生活,在这一点上似乎与他找到了共鸣,不过我并不赞同他的这种影响他人的行为。他的这种行为,如果发生在别人身上,我可能会敬而远之,觉得此人缺乏道德约束力,在他身上,却成了"有性格"的表现,我甚至不由自主地为他开脱:准艺术家嘛,总是有点个性的。当然,更为重要的是,我只是一个局外人,一个住处距离他的公寓几十米外的人,一个没有被他晚上高歌和大声放西班牙歌曲打扰到的人。

他在我们学校的华人圈子里小有名气,因为他不喜欢参加华人的活动,被认为"不合群",而少数和他有交往的人,却给予他很高的评价,说刚来美国时受过他不少照顾。他为人大方,每次他联系我时,总是很热情地问我要不要出去吃饭或是买东西,他总是像长辈一样说着"你不要和我客气",几次结账时他都抢先,当我要与他 AA 时,他只是说下次你请。到了下次出去时,他却只说"AA 就好了",坚决不让我买单。

我与他认识的那一学期刚结束时,他问我有没有一些"水课"。我回想了自己上过的课程,并不记得自己上过什么极其简单的公共课,只是开玩笑地说你可以去修中文课,这样保证可以得 A。而后来再和他见面时,他告诉我,他暑假已经通过一位以前的学姐找到了一份在波士顿的实习,而且已经选好了几门网课,其中几门还是找人代上的。

学校的留学生群中,总有人不时地发"论文代写,质量保证,价格公道"之类的消息,我一直以为,大概只有愚蠢透顶的人才会找人代写论文吧,既然到国外求学,总得好好听课好好写作业。可是没想到我一直很欣赏的他不但找人代上课,也找人代写论文。他自信自己在音乐上的造诣已经足够,他现在想要做的只是找到一块敲门砖,可以使他早日考到其他一流的音乐大学读研究生。他觉得美国是一个无聊的国家,是他读研究生的下下之选。他说读研究生他一定要去欧洲,因为他喜欢西班牙的热情洋溢。每次我与他出去时,他都会在车里大声放着西班牙歌曲,一边开车一边摇头晃脑,或者伴着节奏唱上两句。他觉得自己已经够努力了,在他看来,作为国际生,英语不是第一语言,与本地学生放在一起比较就有些不公,为了弥补这种不公和达到自己的读研究生目标,他的方法就是找人代上网课并找人代写论文。

我觉得所有声称为了结果正义而放弃程序正义的,都和那些为了达到目的不择手段的人没有区别。因为一个人今天能够为所谓的"正当目的"使用不正当的手段,那么以后则可能为其他目的用上卑劣的手段并且做出同样的狡辩。我不会找人替考,更不会为了提高成绩如此铤而走险。而他却能够如此坦然地对待这一切,并对这一切没有丝毫的不安。看来还是"人无完人",每个人都有其 AB 面。

两个月后,到了七月中下旬,他上的所有暑期课程都结束了。他问我要不要去印第安纳州报名参加岩洞探险,对自然风光没有兴趣的我有些犹豫不决。又过了几天,他突然用微信和我说,去印第安纳波利斯旅游的计划取消了,他要回国。回国本来不是一件奇怪的事,大多数留学生都会选择在长达三个多月的暑假回国,并且为了省钱,早早地订机票。可是他回国的念头一起,就突然花高价买机票回国了,这让冬天买一件大衣都会下意识看看价格标签的我深感诧异。

在学校的最后一年,大家都渐渐忙了起来,我与他的见面机会也少多了,又回到了之前的点头之交。大家各忙各的,没有时间凑在一起,我甚至觉得那一年在学校碰到他的次数都变少了。

又过了几个月,我得知他的新境况,是在他的微信朋友圈。他发了自己在一所英国一流大学读研究生的自拍。他终于如愿以偿到欧洲读他的研究生去了,我为他点了一个赞,并祝他有一个好的前程。

印度同学很自信

　　第一次见到 Kenith 是在韩国烧烤店。那天我和几位朋友一起去吃韩国烧烤，当我们快到韩国烧烤店时，和我同行的一位朋友突然想到他有一哥们就住在附近，问我们要不要叫他来一起。

　　我们说，可以啊。又好奇地问，他是怎么样的一个人？

　　我朋友说："他也玩万智牌，挺有意思的一个人。"另外还特别强调了一句，He is Indian。

　　在正式场合，我们相互间的称呼都是中规中矩的，力求准确。我当然也以为朋友所谓的 Indian，就是指 Native American（印第安人），而不是字面意义上的印度人。毕竟我们所在地的"密苏里"这个州名就是来自当地原住民语言中的"独木舟"——尽管我在美国的那几年，在密苏里既没有见过印度人，也没有见过印第安人。

　　见到 Kenith，我第一眼就看出他是印度人，因为他有着区别于其他拉美人种的深棕肤色,这样长相和肤色的印度人,我在电影里看多了,所以一眼就能看出。Kenith有一米八的身高,瘦而不弱,戴着无框眼镜,留着七三分的头发,却很随意地搭配着短袖、拖鞋,他在接到电话后匆匆赶来和我们见面。

在我的印象中,印度人的英语都不咋地,第一次听人提起印度人说英语是在上雅思培训班的时候。雅思口语老师说,有些口语考官是印度人,他们的口音很重,说话又像连珠炮,考生很难听懂,如果听不懂他们的话,一定要请他们再说一遍。

没想到,Kenith的英语流利而又标准,这个即将毕业的大学生,那一口流利而标准的英语比很多中国留学生都要好,简直令人很难想象他来自印度。和他那休闲的穿着风格相同,Kenith的性格也非常外向,是个见面熟的人,他很快就和我们聊了起来,毫不拘谨。Kenith喜欢说笑,聊天时会开别人玩笑,也会打趣自己,每次开玩笑时都会提高语调强调喜剧效果。那一次见面,他给我们留下了不错的印象,之后我们几人互相加了Facebook好友。

Kenith跟我们一样,也爱好万智牌,我们有时会在赛场上碰到。堪萨斯城的一场比赛后,我与他有了深入的交往。那次我刚好进了比赛的前八,而他则在另外一场比赛中排名第十。他并没有为自己得到第十名而开心,而是向我和几个朋友抱怨,说如果自己不犯错,那么就有可能进入前八甚至夺冠,就可以拿比现在多好几倍的奖金了。我非常欣赏这样求胜心切的人,不为自己的成功而欢喜,而会为自己不够成功而不满。这简直就是我的激进版本,只是我更加内敛,不太喜欢把失望表现出来。

我在美国认识的大多数朋友,交往深入以后,我们谈论的话题总是会慢慢转到人文类上,可我和 Kenith 的交流,却很少涉及政治文化内容,多半都是停留在万智牌上,或者偶尔谈谈未来的打算。当时大我一岁即将以生物与金融双学位毕业的他,打算报考医学院的研究生,所以 Kenith 偶尔会向我科普一些医学常识,抱怨医学研究生是多么难考,他会和我愤怒地谈论一些大学制度的不合理,并且自说自话地说出一套大概不可行的解决方案。Kenith 是个非常直率的人,想说什么就说什么,从没有过多的考虑与分析,也不会遮遮掩掩。

Kenith 很喜欢中餐,知道他的偏好后,有时我们就把见面的地点放在中餐馆,一边吃着中餐,一边谈论着万智牌,研究网上的赛事安排,考虑要不要一起开车去其他城市比赛。有时候,我也会到他那不大的学生公寓里,再叫上几个朋友,一起讨论下一场比赛,讨论比赛时应该怎么样操作,需要做出什么样的调整。

Kenith 是个认真的人。大多数美国学生习惯了留学生说的英语多多少少带着来自祖国的口音,一般来说,听留学生讲话,管他英语好坏,只要听得懂大家就会选择性地忽视而不去纠正。可是 Kenith 很较真,他有时就像个老师,当我的发音有些离谱时,他会主动指出我的发音错误并纠正,有时为了更好地纠正我的某个单词的发音,他还会找一些发音类似的单词,然后一个音节一个音节地示范。和我聊天时,他说出一个比较复杂或者比较小众的流行词语后,不等我提问,他就会很自然地接下去解释那个词语的意思,为的就是让我明白。虽然我的口语在留学生中算是很不错了,但还是比不上 Kenith,Kenith 的认真,让我学到了不少东西。

Kenith 觉得,如果一个非美国人在美国待了好几年口音都不能改掉,那么多半就是这个人太懒或太蠢。他提到自己五岁的时候举家移民美国,那之前他一个英语单词都不会说。他一开始说话带有浓厚的印度口音,周围的同学都笑话他,而现在他却说着极其流利的英语。因为高中成绩优异,他在华盛顿大学圣路易斯校区以全额奖学金获得者的身份就读。

尽管我想反驳,五岁开始学一门语言而且又是在美国跟美国老师学,比我从初中开始在中国跟中国老师学简单很多,而且英语的有些发音是中文没有的,这也提高了学习的门槛。不过,我从没有和他说过这一番话,因为大多数时候,我会避免与他争辩这类有些模棱两可的问题。何况,Kenith 说这番话,多半也是抱着恨铁不成钢的心理——因为有些留学生的英语实在很烂,而且他们对此一点也不着急。

Kenith 是个"学霸",学业成绩优异,尽管喜欢玩牌,但从来不影响学习,他玩物一点没有丧志,他机智敏锐而且说话语速极快,从天下风云到身边小事,他都有一套自己的看法,而且有些想法颇为激进。"学霸"有个共同特点,除去好胜外,还有些过分自信。尽管在认识之初,朋友们都觉得他是一个随和的人,但与他熟悉之后,朋友们就知道了他个性中自信的一面。他自己也说过:如果要和我做朋友,那么你们就必须忍受我激进的性格。

由于他不错的为人与敏捷的思维,他的个性也被朋友们接受了,我与他走得更近,也许是因为我与他性格相近。"同性"相吸或者说物以类聚,我不但没有对他产生反感,反而觉得这样的人非常有趣,比那些书呆子似的"学霸"有意思得多。何况,Kenith的这种自信,远没有达到狂妄的程度。正如一个人的骄傲如果有资本,就容易被人接受,他的自信也是有底气的,与某些自吹自擂的人完全不同。Kenith不会掩饰对自己能力的自信,同样也不会吝啬对其他人的赞赏,他不会看不起不如他的人,这使他有极好的人缘。因为自信,他似乎对这个世界上的一切都有一套固定而系统的理解,尽管这个理解有时不免失之偏颇。

Kenith总是说,自己要是和某些人一样有钱又有时间的话,一定能够成为一位成功的职业牌手。他是个好胜的人,当比赛没有拿到他想要的名次时,他偶尔会抱怨自己运气不好而不去思考自己决策上的失误。不过,Kenith不固执,也懂得进退,这使我们的友情在交往中不断加深。有时我与他在同一个问题上有不同的看法,尽管我和他都算是不愿服输的人,可是我们在发现自己的错误之后,通常都会说"也许你是对的",然后换到下一个话题,不会发生无谓的争论而伤了彼此的和气。

在我毕业回国前几天,有个哥们为我特地组织了一场聚餐,邀请了八九位朋友。我原本并没有特地举办聚餐的想法,因为在回国前几周,我与大多数关系不错的朋友都打过招呼或是见过面一起玩过了,就在回国前半个月,我还和六个朋友一起去了俄亥俄州。再次约一群人出去,令我觉得好麻烦,可是我朋友 Jon 大包大揽替我做好了安排,定好了时间与地点,我也就从了,再怎么地,我也不能拂了哥们的好意,这次聚餐 Kenith 也被邀请了。在餐厅时,我开玩笑说,我原本无意特地在离开美国前聚餐,浪费大家的宝贵时间,这都是 Jon 的主意。可是,朋友们都说,离开后,大家见面机会就少了,或许十年二十年都见不上一面,如果不办这样一场聚餐,会留下遗憾的。

唯独 Kenith 在一起合影后,悄悄和我说,如果他是我,他也不会特地办一次聚餐,而会选择让一切都"Let it be"。看来我们都是随缘的人。

头发长，见识也不短

我在现实中看到的第一位长发男性，是我的高中音乐老师。

他有着刘欢一样的体型，与其说胖，不如说是结实；他亦有着与刘欢长度相仿的头发，只是他披散着他的头发，而不是像刘欢一样扎成马尾辫。尽管他在上课时偶然提到自己是唱男中音的，曾经参与过央视春晚，可是这丝毫提不起同学们的兴趣。我们既不想知道为什么他那么壮实、声音那么雄浑却只是男中音，也不想知道他在春晚担任的是一个什么角色，是指挥家呢还是一个合唱团团员。见他沉浸在自己的回忆里还没回过神来，同学们纷纷掏出原本偷偷摸摸在玩的手机光明正大地玩起来，哪怕是那些平时表现良好的女生也拿出数理化作业争分夺秒做了起来。那时大多数同学对音乐的鉴赏力，只停留于欣赏赞美爱情美好或是哀叹情感破裂的流行歌曲阶段，那些到了交响乐高潮时激动得有些震颤的音乐指挥家，在我们看来只是自娱自乐。尽管没有接收到学生们敬佩的眼神,音乐老师却良好地保持了自己身为艺术家的修养,没有为此发过火,上课时只是恪尽职守地对着低着的五十几颗人头自言自语。

高二下学期后,由于学习越发紧张,音乐课的地位更是无足轻重,各种主课老师都对这些副课虎视眈眈,纷纷"借课",因而他上课露面的机会也越来越少。说是"借课",其实都是只借不还的,高三之后,我在校园里就几乎没有再见过他。我甚至不记得这位老师的名字,可是回想起来,那是我见过的第一位把长发留得具有优雅美感的男性。

再后来,就是在美国看到的各种长发男子了。

在国内,因为有校规约束,不少高中男生要么留着短发——直白的平头,要么就是向日韩看齐,在学校允许的最大限度下留着又厚又长的刘海,直到头发略微超标,或是刘海遮住眉毛,或是头发盖住耳朵,他们才不情愿地去修剪下头发,不这样做就有被扣分的危险。至于大背头之类的发型,多半是在大学才能看见了。

女生的头发也乏善可陈,多半留着略过耳的短发,如果头发长些,则扎着一条马尾辫,或是有刘海或是没有。尽管有"仪表仪容"四个字的限制,但青春期爱美的男女同学都想在头发上折腾些名堂出来,可是在对发型不太敏感的我看来,也就是那么几种而已。当女同学皱着眉抱怨着自己的刘海被理发师多剪零点五厘米不好看时，我总是羞愧于自己是个迟钝的人，看不出其中的细微差别。

美国女性的发型，很难找到真正值得我大书特书的。她们大多留着长发，长发女生见多了，除非是垂到脚后跟的长发，否则清一色的长头发并不能引起太多的注目。中学校规也无非是禁止"染发烫发"那样的老一套，可是国内女生趋之若鹜偷偷摸摸染起来的金色或者褐色的发色，恰好是不少美国白人最为正常的发色。美国女性发型中，最令我印象最深刻的，恐怕是黑人的那种男女通用的脏辫（Dreadlock）。

不少国人第一次见脏辫，恐怕是在《加勒比海盗》中，电影里约翰尼·德普饰演的杰克船长放浪不羁的性格给不少观众留下了深刻的印象。可是电影连续拍了五部，并不是所有人都会注意到他那红色头巾下包着的密密麻麻的辫子。这就是脏辫的一种。与其他普通辫子不同，他们的头发分成几十乃至百余根密密麻麻的小辫子或小发束。对于中世纪的水手来说，他们既不愿意把珍贵的淡水资源浪费在洗头上，也不愿意用海水洗头使头发变得粗糙，于是采取了这种发式。非洲不仅面临缺水的问题，还要躲避肆虐的蚊虫和虱子，这种辫子据说就能解决这两个问题。于是这种外人看着觉得奇怪的辫子在非洲成为了常态。当代黑人对于做这种发型乐此不疲，一方面因为传承，同时也因为这种发型已经成了摇滚叛逆的符号。而且黑人的头发天生粗糙，难以养护打理,脏辫几乎是他们留长发最美观的一种形式了。除去这种黑人的经典款发型,黑人男性的发型显得有些千篇一律:要么是直白而又简约的平头,要么是不再流行的蓬松的爆炸头。

相比于黑人没有发质的限制,白人男性的发型就有了更多的花样。在这样一个多民族国家,想要以整齐干净为名,设置男女学生的发型标准本身就是不可能的。否则,那些自小就扎着脏辫的黑人男孩一定第一个跳出来抗议。尽管只是大学,他们的发型大多已经与社会接轨了:托福于他们的实习风气,不少人在大学时期都会在校外有份或大或小的工作,想要看起来得体就要有一个得体的发型。

背头、中分、莫西干头、染发烫发……在国内,到了大学,不少男同学开始有闲情逸致打扮自己,也开始尝试那些高中明令禁止的发型,大家在摸索中渐渐学会打理自己的头发了,那些原本在电影或是杂志中才能看到的发型在他们眼里已经不再时髦。但是到了美国我才发现,仍然有不少少见的有特色的"非主流"男性发型。尽管留着那些发型的人属于少数派,却在人群中格外显眼。

大概是因为在国外求学太辛苦,不少从中国来美国留学的硕士或博士毕业回国时,发际线也高了不少,人们笑曰这是"聪明绝顶"的表现。可是对于一些白人来说,则是"天生聪明"。他们并不勤奋,也没有营养不良,他们甚至很结实,可是他们的发际线,却与他们身上的肌肉和脸上看起来的年龄不符。从严格意义上说，这甚至不算发型：发型是自己选择的，而秃没有选择的余地，秃不秃不是由你说了算的。面对日渐荒芜的头顶，他们或是坦然地面对自己的发际线，干脆剃成平头甚至光头；或者在学校总是戴着一顶棒球帽，在偶尔几次脱下帽子时才让人瞥见那高高的发际线。尽管这样的人不是大多数，但是当你看到一个年纪轻轻却头发稀疏的美国人时，还是难免会有点大惊小怪。

另一种发型则是长发。虽然在影视作品中见过千百次早已见怪不怪，可是在现实中看到长发男，人们还是会扭回头好奇地再瞟上一眼。当然，如果在美国大学校园也这样做，那么可能要扭到脖子抽筋了。美国校园里的长发男实在太普遍了。

国内对长发似乎还有偏见，觉得留长发的不是艺术家就是小混混，这种定论未免有些可笑。如果这是真的，那么我想总有不少人愿意冒着成为小混混的风险留长发，试图跻身艺术家阶层。在国外，虽然长发不是主流发型，可是人们对长发的容忍度却高了很多。美国帅哥走路时扬起的金色长发，配合着他们一米八几的身高与结实的肌肉，有一种独特的美感。

至于为什么有这么多人留长发，我想，也许是受到二十世纪嬉皮士的影响，他们或许想通过自己的长发间接表达自己的政治观点，或许只是出于纯粹审美上的需求，或许是单纯从实用主义角度考虑——不用每个月去理发。

在他们蓄长发的各种原因中,有一条理由是最有趣的。

国内有一句昏话,叫"头发长见识短",意思是头发的长短跟见识成反比。这种可笑的说法在美国根本行不通。我在学校的一位美国朋友,是哲学系本科生,毕业后留校工作。留着一头不算离谱但是又挺长的金发,扎着一个近几年流行的丸子头。他谈及自己留长发的原因时,说自己和其他几个朋友以两年为一个周期蓄头发,时间到了以后联系本地慈善机构,把自己的头发捐给癌症儿童,然后继续等待头发长长。我有些感动,这是我听过的最高尚的蓄发理由之一。

说到发型,就不能不谈理发,理发这门手艺,就像厨艺一样令人想起祖国的美好。

不少中国留学生最糟糕的理发体验就是在美国。尽管理发时需要的英文不难,仅仅是"短些""长些""这一边头发留着别剪"这样中学级别的词汇,担心自己英语表达能力不好的同学,还是会在说完之后迅速掏出手机搜索脑中能想到的有理想发型的人,再把照片展示给理发师:我要这种样子的造型。

接着,他们通常会看到理发师端详着手机点着头,说着"yea gotcha"(嗯,我懂你的意思),就安心地坐着看理发师挥舞剪刀了,还一边在心里觉得对艺术的鉴赏力果然是能够跨越语言的。然而看着自己的头发随着老外理发师的剪刀飞快地落下,觉得自己的后脑勺有一丝凉意时,已经不对劲了:我明明要留着后面的头发的呀。

美国人工贵,理发也不便宜。到技术好一些的理发店理发,要四五十美元,这还不算小费,而且还要预约;街边小理发店,十五美元上下,水平却不敢恭维。

于是不少留学生选择前往华人街的理发店理发,感受黑眼珠黄皮肤理发师娴熟的技艺;或是向服务质量妥协,去理发沙龙;再或者,向价格妥协,去最便宜的理发店理最普通的发型。当然,还有一些其他选项——自剪或让人帮忙剪。

有些留着厚厚刘海的男生,发型变得越来越普通,渐渐退化为类似平头的发型。后来我才知道,不少男同学为了省钱与美,与其他同学互相帮忙理发。不得不佩服那些无师自通的留学生理发师,说实话,我确实看不出来街边理发店理发师理的头发比大学生自己理的头发要好多少,唯一的区别是,一个收费,一个免费。

再或者,可以尝试留长头发,减少去理发厅的次数,省时省钱。而我就选择了这个方法。

在大二的最后一学期,冬天,我成为自己的理发师,借助剪刀和其他理发工具,我把自己的头发推成了平头。初衷只是为了减少浪费在理发上的时间和金钱,最后却莫名其妙地留起了长发。在经历了两三次头发不长不短不好看的尴尬期后,头发终于盖住耳郭,盖住耳垂,垂到肩膀……

原本在毕业回国前,我也想向那位有爱心的美国朋友学习,计划着把自己的这一头披肩长发捐给慈善机构,可是最后却阴差阳错没有联系到慈善机构,只能披着长发回国。

从机场回家的路上,一路上没怎么说话的我爸强调了五次我的头发不合理,语气一次比一次强烈:从"你过几天把头发剃了吧"到"你明天无论如何给我把头发剃了",对我头发的关注程度盖过了其他一切。

父命难违,我无奈地坐在家门口的理发店,看着镜子里自己留了两年的头发被剪下。看着一地的乱发,我觉得惋惜:倒不是惋惜长发变短发,因为头发早晚要剃,没什么好可惜的,我惋惜的是没能在回国前捐掉这一头长发,为慈善事业做出些力所能及的贡献。

求学滋味

美 国 留 学 麻 辣 烫

吹毛求疵的口语课

当年在雅思培训班学英语，就是为了不在国外继续学英语。

有些英语不够好的学生出国后，需要花上一年时间读预科，我庆幸自己不用上这样的"学前班"，可以直接上专业课。

按规定，每位美国大学本科生都需要学一门外语，如果该学生属于国际生并且通晓另一门语言，则可以不必修，我跑了几个办公室后很快就得到了一张免修证明。拿到证明之后，我有些兴奋，以为自己已经成功躲开了所有的语言课，可以腾出更多的时间学专业课。可是没想到，我还是没躲过——在新生见面会上，我才知道，国际生还被要求参加一场小型的英语四项能力测试，从而决定在美国念本科时需要上几门英语课。测试的结果是，我需要修一门英语口语。

说实话，我对这个结果有些抵触，一方面我觉得我的口语比阅读能力要强，另外我认为，大学里我学的是传播学，阅读、写作应该比口语更重要,只要口语别太糟就行。

新学期上第一节课时,有些教授在进行简单的自我介绍后,就单刀直入开始讲述课程大纲并开始上课,而有一些教授则会把第一堂课的一大半时间花在自我介绍和互相了解上。教我们英语口语的是一位五十多岁的美国女教授(后来得知不少教国际生英语的老师都是四五十岁的白人女性),也许因为这是英语口语课的缘故,她在自我介绍时讲述了不少自己的故事:她年轻时毕业于英语教育本科,上学期刚得到语言学博士学位,每隔三四年她都会去一个拉美国家当志愿者教师几个月。谈到这门课时,她还说了几个故事,说不少国际生其实很有说英语的天赋,但是由于不肯开口,最后口语能力一直没得到提升;或是一些学生自认为自己会说所以选择不说,长久下来口语能力越来越糟。

这样的开场白很接地气,又有故事可听,令我少了几分抵触。恰好我当时在看索绪尔的书,向女教授提了一个关于语言学的问题,而她也流利地给我解答了,我觉得老师水平不错,在语言学上的造诣颇深,我开始对这门课充满期待,想看看她如何把语言学上的造诣用在口语教学上。

上这门课的学生不多,只有十几人,大概是学校为了保证教学质量刻意限制了课堂人数。这十几位学生来自世界各地,有说长句时必用非限制性定语从句的洋同学,使我疑心他是深受应试教育影响的匈牙利人;也有几位不看相貌听口音就能辨别出的日本人和韩国人;有一位棕色皮肤的墨西哥人;还有几位中国人和德国人。其中既有大一新生,也有研究生新生,既有对这门课抱有很大期望、觉得这门课修完后自己的口语能够无比流利的人,也有和我一样无奈来听课的人。大家的英语水平参差不齐,有让我怀疑口语这么糟糕怎么能上这门口语课的人,也有口语好得让我觉得根本没有必要来上这门课的人。

与我初中时那个生性贪玩的年轻外教随意散漫的教学方式不同,这位女教授的教学方法有些刻板:尽管大家来自不同国家,有着不同的英语水平,在教学上,教授却撇开了我们之间的共性,选择从音标开始教起。呵呵,这也太小儿科了吧,这就好像让一个中国的大学生从头学拼音一样,难免让人感到无趣与失望。

一个个在小学时就学过的符号,到了美国的大学课堂竟然要重新学习,一个个原本每天都在用且会发音的单词,当我们按照教授的要求通过音标读出来时,却发现还不如直接看着单词读简单,这大概就像不少中国人会说中文却不会拼音一样。不仅如此,作为一门英语口语课,成绩的一大半是通过笔试获取的,其中不少题目是标注重音和拼写音标,这使我觉得有些舍本逐末,我都能看大部头的英文原著,竟然还要学这个考这个,这让我觉得口语课无趣极了。那些最基础的知识点,却成了考试的重点,而且作为一门口语课,要纠正那些国际生在国内七八年乃至十年以上养成的口音实在是力不从心。即使女教授不厌其烦地一遍遍示范正确发音,讲述如何卷舌,可是总有不少音大家难以发出。这似乎也超出了教授教授的范围:她不可能一个人一个人、一个词一个词地纠正,毕竟一堂课只有几十分钟。因此每次上课,听到各种奇怪的口音,她也只能点到为止。

课堂活动也让我觉得这个口语课有些像小学课堂。不同于其他大学课堂大家的各抒己见,这门课的课堂互动有些"离题"。开课时为了活跃气氛,她会问我们上个周末有没有发生什么有趣的事。而班级里总是有几位同学愿意把自己周末干了些什么娓娓道来,那些鸡毛蒜皮的小事,在话痨同学的嘴里,变成滔滔不绝的长篇大论,直到教授也听不下去,觉得他们占用了太长时间,不得不礼貌地打断他们。

在课前,同学们会把课桌围成一个半圆形,方便课堂上的沟通与互动。不过,不太喜欢说话的我,总觉得大家围坐着各自说着自己的琐事,不如正襟危坐听课更有意思。有时候教授也进行分组练习,让我们用一些单词造句,或是练习特定语调的对话,让我越发觉得自己像是在小学课堂,我不禁怀疑教授是不是低估了我们的英语水平,何况我觉得大家的口语总体来说还算可以。看看课堂上十几个人,大家都挺能说会道的,不太爱发言的只有我和一位德国人、一位墨西哥人,其他同学参与的积极性还是挺高的。

其他专业课上,大多数教授和同学都会尽量忽略国际生的口音和一些细微的语法错误,关注谈话的内容与想法。可是口语老师却截然相反,他们从专业精神出发,很会"吹毛求疵"——既会去仔细听发言的内容,也会去纠正其中语法的不规范与发音的错误。

我感激教授的耐心与细心,可是不免觉得这样的方式有些过了火。日常生活中使用的口语在一定程度上就是以牺牲语法为代价的,美国人也时常会说出"I don't know nothing"这样的错句,但没有人愿意去刻意打断与纠正,反正知道他们想表达的真实意思是什么就行了。

就这样,在没完没了的课堂互动与交谈中,我结束了那门课。说实话,这一学期的英语口语课,我大概除了纠正了"water""delve"等几个单词的发音外,什么也没学到,口语水平也不见得有多大提高。如果说有提高,那肯定不是因为这些课,而是因为我与同学、朋友的交流与交谈。口语老师是一位出色的语言学教授,但却不是好的口语老师,我想,如果我去选修她的语言学课程,而不是她的口语课,我学到的肯定比现在要多得多,只是后来满满的课程表令我再也没有机会修她的课,我只能带着对这门课的糟糕印象毕业。

"心狠手辣"的助教

在美国读大学，除了教授，与我们接触最多的就是助教了。

从字面上看，助教好像是助理教授的简称，其实不是。在美国的大学体系里，助理教授的英文为AP（Assistant Professor），职位等级介于普通讲师（Lecturer）和副教授（Associate Professor）之间。而助教被称为TA（Teaching Assistant），他们是教授的助理，就是辅助教授们完成授课的人。助教通常都由学生担任，被教授们雇用，有报酬，时薪通常在10—15美元。

助教分为两类，有授课型助教（Teaching Assistant）和研究型助教（Graduate Assistant）。从字面上就可以理解，研究型助教主要是与教授一起从事学术研究；而授课型助教，是负责协助教授们完成授课任务。天下没有免费的午餐，拿钱就得干活，助教的工作内容包括审核考勤、批改作业、准备试题、帮教授们复印及准备上课材料、管理网上课程、制作会议PPT、做数据统计分析、辅助备课、邀请嘉宾、办公室答疑、批改考卷、指导学生论文等七七八八的事。教授们给学生上大课,他们给学生上小课、辅导课,如果教授有事不能如期上课,他们就在课堂上充当教授的角色。

别看助教的活儿不少,这个岗位却是很多人"觊觎"的。因为这个岗位不仅体面,而且因为与学术相关性较大,位于学术研究前沿,日后还可以在简历上写下漂亮的一笔,为求职贴金,所以,别看助教的时薪不算高,却成为想打工的学生最青睐的职位。要想得到这个职位不容易,得过五关斩六将,首先英语水平要高,给低年级或给本科生上课或做辅导时,能侃侃而谈,当然,能把底下人侃晕那是最好不过。人也要活络,能眼观八方,对上能跟教授处得好关系,对下能跟学生打成一片。

根据美国教育部年度劳动力调查显示,目前美国高校平均每两位教授就配有一名全职助教,虽然助教不少,不过不是所有的教授都有助教的,我的一位上过几百人大课的教授就没有请助教,而几位才上三四十人课的教授却请了助教。我问上大课的教授为什么不请助教,教授说,虽然上我课的学生有几百人,但除了电脑打分的那几百张试卷外,只有两篇小论文,没有其他多余的作业,而且这门课的考试题百分之八十都是选择题,只有五六道简答题,自己一个人就可以搞定,用不着请助教。话虽这么说,实际上,当我们的小论文交上去后,评分却遥遥无期,往往要几周后才能更新成绩。教授后来也吐槽说,没想到我的这门课有那么多人选,这学期经常改作业和备课到凌晨。话虽如此,他还是没想到要请个助教助他一臂之力。而那些教小课的教授请助教也有合理的理由,有些教授称自己这学期教的课太多忙不过来,所以请了学校的研究生做助教;有些助教是教授们做学术研究时的助理,帮他们的导师分担工作还有工资可拿,也是双赢。

大多数时候,教授讲课时,助教会一言不发地坐在前排座位上,和其他上课的学生无异。只是在课堂快要结束时,当教授说要分发讲义提纲或是作业时,助教会同步点好提纲或作业发给我们;考试时,他们会和教授一起收发卷子。偶尔几次,助教会给我们上课,别看他们也是学生,上课时却毫不怯场,因为这些课他们听教授上过好多回了,而且由于他们的年龄与我们相仿,说话用词也更加接地气,更容易与我们打成一片。

如果以为助教仅仅只是打打下手,那就太小看他们了,他们通常拥有学生作业成绩的"生杀大权"。

我上的调研方式(Research Method)课的助教名叫马修(Mathew),传播学博士在读,中等身材,一头金色的短卷发,戴着一副无框眼镜。他的穿着跟上这门课的女教授完全是两条路子,女教授总是穿着高跟鞋和职业装,很有知识女性的风度,她虽然是位三十岁左右的白人女性,五官很精致,而且没有任何雀斑,可是眼角的皱纹与皮肤却显出了将近四十岁的老态(这也是不少白人女性的通病)。她为了掩盖她的皱纹而在眼睛部分浓妆艳抹,那浓浓的眼影总是令我想到在沃尔玛收银的中年妇女。

而助教总是穿着无领短袖,有时还穿着拖鞋,这幅打扮与穿衣风格令我想到硅谷那些不修边幅的天才黑客。凭良心说,他对学生很友好,课堂教学也挺生动的,当教授提出理论时,他会给出现实生活中活生生的例子,只是没想到,这位穿着随意课上得生动的助教,批改起作业打起分来,手下却毫不留情。

马修助教给我打的分数总是很低。美国大学没有公开成绩与排名的习惯,我并不清楚班级的平均得分,但是把这门课的作业成绩与自己同时在上的其他课的作业成绩相比,分数却低了不少。学生选课其实有时也是碰运气,碰到面慈心软的教授,分数会给得高些,不幸碰到"心狠手辣"的教授,那分数就不好看了。几年前我上雅思培训班时就听说,考雅思时有可能不幸碰上"五分老太",不管你口语如何流利,成绩统统只给五分。大学校园里也流行一句话,叫"导师选不好,读书读到老",意思是如果运气不好,碰到一个严苛的教授,读了很久导师都不给毕业。看来,干什么都有运气的成分在。

这位助教令我联想到"五分老太":选择题答案的对错是泾渭分明的,可是不少简答题答案的给分就有些主观了。其中不少涉及实地调研的题目,我倍加努力,而且图文并茂地交了文档上去,期待能得到一个高分,而最后的得分总是令我沮丧。

至于作业,那一学期兢兢业业的我没有漏下任何一份该学科的作业,可是平均分算起来,大概还没有一个偶尔几次不交作业但是成绩能拿 A 的人高。

距离期末只有一个多月了,与其他组员聊起这门课的成绩时,我才发现事情有些蹊跷。

我与几位同学聊起这门课助教给出的成绩比我预期的要低时,他们也表达了同样的看法。尽管网络上有铺天盖地的"学霸"的故事,但是人中龙凤毕竟是少数,大多数留学生,都在一个普通的大学里,过着再普通不过的留学生活,他们没有那种吓死人的高不可攀的人生梦想,但都希望自己在美国的四年求学生活,能够顺顺当当,能够如期戴上学士帽,对得起那昂贵的留学费用,对得起自己的青春,对得起艰辛而寂寞的异国求学生涯,所以"分分分,学生的命根"在这里同样适用。

我不愿以小人之心度君子之腹,觉得这位助教或许跟"五分老太"一样,只是习惯性给人低分罢了,但我同一小组的几个女同学却替我说出了心声:"I think he is just a jerk."这几位女同学平时都很文雅,这一次却爆了粗口,可见对这位助教的不满已积累了好久。其中的一位女同学还说了自己的亲身经历:有一次她的作业被记 0 分,因为她是通过邮件发出的作业文档,助教却轻描淡写地说自己没有收到。而这位女同学去找他时,他却说,这是你的责任,跟我无关,你要是两天没收到成绩,就该在课后找我或者找教授面谈,否则就视作你作业未交,你要负全责! 助教的一番话,让我的同学郁闷了好几天。

不止这位女同学倒霉,另外几位同学也都觉得自己的成绩不应该那么低,同学们一致得出结论,这位助教虽然也是学生,但是不会将心比心,说得好听点,是他对所有学生严格要求,说得难听点,是"心狠手辣",碰上他,拿高分是没什么指望了。但是他依旧对我们态度可亲,看上去还是那么友好,只是在打分上,他依然毫不留情。

助教是这种行事风格,我不可能去改变。按照心灵鸡汤的说法,改变不了人家,那就改变自己吧。为了提高这门课的成绩,我花了更多的时间准备考试与做作业,成绩仍然没有明显提高,我不断地反省自己的学习能力,花更多的时间与精力在这门课上,结果跟大多数同学一样,还是拿不到我想要的分数。

期末学校发了一张调查表,要求学生填写对授课老师的评价,里面有两道题:"你认为这位教师是否友好"和"你以后是否有可能继续上该老师的其他课程"时,我给出了有些矛盾的"是"与"可能不会"。

容忍迟到，不容忍早退

中美两国的大学有诸多的差异，若举起例来，可以洋洋洒洒没个完，就以课堂纪律为例，美国大学的纪律就宽松一些，氛围也轻松不少。其中的出勤率就是一个体现。

有一些课，出勤率会影响期末总分，三次迟到算作一次缺课，缺课三次，这门课最多只能得 C 或者 B－；有些教授喜欢点名，有些教授则完全不点名，成绩完全由考试与作业决定。而对于一些要点名的教授来说，迟到不迟到也并不会显示出区别，他们会仁慈地对迟到者一视同仁，迟到的学生只需要在课后找教授让他在点名册上打个钩，那么就和其他按时到的人无异了，哪怕一堂七十五分钟的课，迟到了三十分钟，一些仁慈的教授也会网开一面。学生迟到的理由五花八门，有些理由听上去还挺冠冕堂皇的：什么因为上一门课下课后与教授交流问题，过于专注而忘了十五分钟的下课时间，以至于没赶上另一节课；什么因为两门课跨专业，教学楼在不同校区,步行需要十几分钟,所以迟到。有几次圣路易斯的大雪导致开课十分钟了,来上课的人只有三分之一,以至于老师直接选择这节课不上,否则对另外三分之二的人不太公平,而到课的学生也没吃亏,获得额外的三分附加分作为补偿。由于教授对迟到的容忍度很高,有些同学就堂而皇之地迟到,我见过一位同学,他经常迟到,每次几乎都是准时地迟到四十分钟,令我怀疑他是一个新的硅谷天才。哪怕他每次都努力地不打扰其他同学,蹑手蹑脚地坐到椅子上,可是坐在第一排的他,那一米九的身高和发达的肌肉总是能够成功地吸引班级同学的注意力。

美国的教授也会通过点名来检查出勤率,几十个人的课堂通过点名检查出勤率还算得上可行,可是到有几百人的公开课上点名就显得不太现实。我的那位一次教五百多人的"犯罪与司法"课的教授想到一个聪明的办法,他不定期地会让我们记下一个数字、一种颜色或是一个单词,而那个被记住的数字或单词会出现在下一次考试的试卷中,并且在一张满分一百零五分的试卷中占五分。

比起迟到,教授们似乎更讨厌的是早退。尽管早退也能有合理的理由,"家里有急事"能衍生出无数让人不忍拒绝的原因。但是对讲课的人来说,这似乎是在暗示:你的课太无趣了。我的"媒介历史"课老师,是一位六十多岁总是面带笑容的好好先生,也因为某次上课连续有三人早退后,显得有些不满地说,是不是我今天的课特别无趣？

在美国课堂，对饮食的管控同样不是那么严格。有些教室写着"请勿饮食"，有些教室贴着"请勿吸烟"，有些教室两者都有，而有些教室两个都没有。在教室里吸烟的人几乎没有，而在教室进食的却偶尔有之。

我通常会在学校食堂吃好早餐，再去教室上课，而有些课程因为时间安排紧，来不及用餐，我会用可乐与巧克力应付下。而有些同学却不愿意应付，也许是因为课堂上的思考消耗了大量的能量，他们会在课间买一些主食带到课堂上。中午时分，教学楼甚至成了学校餐厅的分部，今天有人带了玉米饼，明天有人在吃比萨，寿司、汉堡、鸡块一应俱全，偶尔还有人带着巧克力或者面包，不过味道比较大而且携带不方便的中餐我没有在教室见过。尽管只有一两个人在教室里用餐，可是比萨中的奶酪味却会在周围弥漫开来。我对奶酪味道的厌恶不亚于对臭豆腐的厌恶，可是却不方便捂住鼻子坏了别人的食欲：奶酪是美国最正常的食物之一，何况每个教授几乎都默许了这种情况的发生。

我不清楚教授对底下的学生边鼓着腮帮子嚼比萨边抬头听课抱着什么样的感受，教授们对此似乎见怪不怪，学生们也吃得坦然。我总觉得，一边吃东西一边听课容易令我分心，而且国内的课堂纪律也不允许我们在课堂上进食。不过，有几次早课，因为赶时间怕迟到，我将没来得及吃完的面包塞进口袋，匆匆赶往教室。在教授转身写板书时，我趁机低头啃上几口，可是仍然隐约觉得对老师有些不尊重。这让我有一种罪恶感，觉得自己像是在电影院一边吃着爆米花一边看电影，而不是在异国求学。

上课时，有一些教授喜欢唱独角戏，通常一堂课七十五分钟一个人从头说到尾，令我觉得像是在说单口相声。更多的教授喜欢互动，比起国内的大学，国外大学的课堂气氛显然活跃多了。谈论一个问题时，大家显得随意很多，有时候提问会变成一场小讨论，课堂上的脑力激荡有时会产生一些连老师都赞许的新想法。在弗格森枪击案事件发生的那段时间，"传播学"的教授会在课堂上借此分析政府与媒体的关系，探讨媒体之于社会的责任。几位住在弗格森的黑人同学不等老师提问便高高举起右手，然后现身说法，讲述当时警方的宵禁和媒体管制，大家在听完后不约而同地为他们鼓掌。

同学们早就习惯了这种宽松的氛围，前排的一位同学一边跷着二郎腿，一边在教授停顿的间隙，语速飞快地接过教授的话茬向他提问，教授也不认为是冒犯，反而会微笑着鼓励道，这是一个很好的问题，然后加以解答。同学们的发言很踊跃，美国同学好像都有人来疯的性格，他们不担心自己的想法是否成熟，只顾侃侃而谈，有的发言不乏真知灼见，让我从中得益不少。

在课堂上，中国留学生发言的踊跃度总不及美国学生。中国课堂上，能认真听讲就是个好学生了。对老师所讲的内容，哪怕有不同看法和意见,中国学生一般也都放在心里,不会公开质疑,一方面教授要维护自己的"权威",不喜欢学生横插一杠子打乱了自己的讲课思路、耽误教学进度,二来学生们就是有不同的想法,也不会马上跳出来追问个青红皂白,他们总想等自己的想法成熟了再跟教授"请教"或"切磋"。而美国课堂则不同,美国人奉行"没有绝对的权威,不懂就问,不服就说"的教育模式。美国的学生也不像中国的学生那么爱面子,想到了就说,管他对与错。

我在课堂上的发言也算不上积极,开学之初,我还不太适应这种教学方式,有很多次我不懂教授在提什么问题,茫然地听几位同学的互动之后才稍微有了头绪,或者有几个单词听不懂,只好低头根据发音摸索着查单词。后来,我倒是习惯了这种学习方式,英语水平也上去了,可是我仍然不太发言。一方面担心自己说话时因口音而尴尬(尽管大多数人都不在意),一方面也担心自己提出的观点因逻辑不缜密或思维不严谨而显得肤浅。我总是字斟句酌,反复酝酿之后,才会犹抱琵琶半遮面地把手举起一半,希望参与讨论。不过,正是因为自己发言的次数不那么多,发言时不像一些人开口那么随意,我在课堂发言中提出一些尖锐的看法、独到的见解有时会语惊四座,周围一片"wow"的声音。

尽管课堂提问能够调动学生的积极性,提高学生的课堂活跃度,不过依我看,那些好脾气的教授在设置某些互动环节时有点走火入魔:比如在提及一些传播学的抽象理论时,教授偶尔会问同学们,是否能举出一些生活中的例子来。一些学生在举手之后,便开始滔滔不绝地讲述自己的故事,而故事的主题与教授的提问之间只有一丝半缕的联系,令我觉得那位同学似乎只想找倾听者。这种开放式的教学,固然能让我听到一些平时无法了解到的细节,却也因为开放而浪费不少时间在琐碎的内容上。教授们似乎都有极大的耐心听学生们扯完,也许这跟美国教育秉持的最大限度挖掘学生潜能、培养学生独立思考能力的理念有关。不过,我想,与其有时候大家其乐融融地跑题,我更愿意教授在黑板前慢条斯理、条理清晰地讲课,不被其他人打断。

网课贵过实体课

说实话，我不太喜欢上网课。

我像老年人一样对电子化的人际交往有一种排斥感，对网上上课这种未知的授课方式有些担忧，担心由于对网课不够熟悉而得到一个糟糕的成绩。

我曾经和洋同学说，我们是 Communication Major（传播学）的学生，上缺乏 communication（沟通交流）的网课未免有些讽刺，而且网课的价格竟然比实体课贵上几十美元，这令我觉得匪夷所思，我觉得应该便宜些才合理——网课既不需要占用教室，还可以只录一次反复使用，凭啥价格还要更贵？

当初如果我把寒暑假时间抽出一些来，早点上网课，大概还可以早一个多学期毕业。可是我宁可在寒暑假游山玩水、看书、看视频、会朋友，也不愿意每天抽出时间来上网课。网课让我有一种虚无感，大概是因为我从小就习惯了面对面的授课方式，这种线上的上课方式我很不习惯。

选择上网课的同学有这么几种。第一种是寒暑假回国但是又想趁着假期修学分早日毕业的。他们选择在国内一边见朋友一边上网课,暑假寒假几乎没有线下课程,这种线上的课程刚好填补了空白。第二种则是由于欣赏网课的上课时间不受约束。有些人由于有兼职工作而选择上网课,这样时间安排更加自由;或是不愿意一周中有两天为了仅仅七十五分钟的课往返于家和学校,也选择了网课。第三种热衷于上网课的,是那些急功近利想要早点毕业的人,他们一学期修八九门课,有些人还把其中的网课像工程一样"外包"给其他人。我的一位华人校友,花钱找人代他上网课:告诉代上课的人账号密码,让对方在固定时间登录上课并上传作业,以免多地同时登录引起怀疑。考试当然也由代上课的人全权负责,因为考试也是在线上进行的,不需要核对身份。

此外,还包含一些无奈的客观因素:比如某一些课只有网课而且属于必修。

我上网课就属于最后一类。那是我临毕业的学期,有一门必修课叫"全球媒体发展史",在咨询导师后发现,这门必修课只有网课。我原本庆幸自己成功地躲过了美国大学的网课,然而现在只能感叹"晚节不保",在最后一学期不得不上网课。

我向导师咨询过上网课的细节,也不断地询问其他同学上网课的感受,以及如何上课。同学们对网课的评价两极分化:我的一位好友说网课节奏很快,作业量很大,但是能学到很多;而不少同学却觉得,网课无非只是"看视频,看文档,打打字"而已。这评论看似中肯却只是废话:从他们的逻辑出发,线下的实体课不也是听教授说书然后写几篇小论文吗。可是他们不约而同地对网课做出的消极评价却令我有些担忧:网课会不会极其无聊但又作业繁重呢?

我曾经想象过上网课的画面:分布在圣路易斯各地的学生坐在自己的家中,戴着耳机,或是抱着 iPad,或是用着电脑,全神贯注地盯着屏幕,时不时敲击着键盘记着笔记或是用耳麦说话。可是我的同学告诉我,网课的上课过程甚至不是在线同步的,每周都会有已经录好的视频更新,需要的只是登录自己的校网账号然后点击观看。

听此一说,我以为这些网课会像我高中时看过的耶鲁大学公开课视频一样,把教授上课的过程用专业摄影设备录下,经过剪辑后上传到网上。可是等我上了网课之后才发现,不是这么回事。

第一节课的视频开头令我觉得像是和一个人在视频聊天:视频中唱独角戏的是一位穿着深色格子衬衫、戴眼镜的五十多岁的白人,看上去像是典型的不爱说话而又缺乏幽默感的人。他在电脑前透过录视频的摄像头,进行简短的自我介绍。他似乎是在自己家中的书房录制他的视频,我甚至能够看到他背后窗外的树。他在做了自我介绍后,开始有条理地讲述这门课的大纲,以及评分标准,他讲得很详细,似乎知道电脑外的我对网课所知甚少。

这全长五十六分钟的第一节课的视频的后半部分,让我觉得有些像是游戏直播:拍摄他自己的那部分被缩小到左下角,主屏幕变成了他电脑上的 PPT,他一边点击 PPT,一边浅谈媒体的演变。

高清晰度的视频下,我能在他切换 PPT 界面的零点几秒的间隙,看到他桌面上摆放的密密麻麻的文档,也能看到教授电脑右上角屏幕上显示的年份——2015。我想着,这简直是一本万利,视频录制一次就可以长期用下去了,免除了反复讲课的口干舌燥,只需要把精力集中于批改作业就好了。

每周的课程都会按时更新,以"week 1""week 2"文件夹的方式有序地排列着,与线下课程一样,其中既有需要观看的视频,也有需要阅读的文档。同样是听教授讲课,同样是看资料、写论文,为什么我对网课如此排斥呢?大概是因为我觉得,除了方便之外,网课并没有发挥出它作为线上课程本身的优势,更重要的是缺少线下课程那种人与人之间的沟通。

其实,网课也有课堂参与分。每门课后都会有一个小论坛,每个人都需要课后在论坛中参与对特定问题的讨论,并且回复其他同学的信息。而教授也会根据那些回答的质量而打分，而这分数就是所谓的"participation(参与)"，这就是对实体课堂中课堂互动的模拟。可是这种所谓的课堂讨论，似乎有些变了质。在上实体课时，有些课我因为没什么共鸣而整堂课一言不发，下了课就收拾书本离开；有些课我会因为感同身受而频频举手参与讨论，下课还继续谈一些上课时我没有说清楚的想法。而网课中的课堂讨论，让我有种找不到对手、空对空的感觉。

而浏览同学发表的小文章时，我也难以找到课堂讨论时的激情：大家似乎只是在自说自话，根据要求回答给定的问题，而少有互动性的回复。不少同学原创的小文章固然有趣，可是由于我是在电脑前看着这些独到的见解，想说点什么却又不知道该怎么说，如果仅仅是回复一个"我同意"，那么似乎有些敷衍，可是我也提不起兴趣在他们的观点上加以补充。这大概与我不喜欢网上聊天的习惯一脉相承，何况在上网课时我显得更加功利，不愿意多花时间在不能给我附加分的回复上。

上网课也有出勤率。线下的出勤率是看是否准时到课堂，有无迟到早退；至于网课的出勤率，我猜想大概是指是否观看了视频，或者学校页面会检测该课程的视频链接是否有被点击、在该页面停留时间是否等于视频课程长度等，通过此类方式检测学生是否有来"上课"，并且以此给出分数。

尽管有几节课的内容我在其他课也学到过，或是凭借资料和视频的标题就猜得八九不离十因而不愿意去看，为了这个出勤率，我也得点开那个视频，指望能够"骗"过系统，能够让它给我"点到"。有几次上课，我觉得视频中的老师说得有些慢而点击快进，又不免担心这样会不会算是"不守纪律"什么的。很庆幸最后我的出勤分是满分。

作业都是以文档的形式上交的，过段时间会收到一份充满批注的文档，考试也是在线上完成的，都是常见的选择题、简答题。这门课的期末考试，内容是研究一种对传播有影响力的媒介，写一篇小论文并且上传一份演讲稿。写论文，不奇怪；上台做演讲、做报告，也不奇怪。可是上网课还要做报告，就有些奇怪了。教授似乎既想保留经典的考试形式，又想要坚持先进的教学方式，于是他在关于期末考试的文档中，要求我们用 PPT 演说并且录音，最后把这份文件上传。

学期中，我在学校餐厅吃着汉堡时，看到两位教授并肩走过，我隐约觉得他似乎是我每周都在电脑前看到的网课老师。我想上去打个招呼可是却没有放下手里的汉堡。我上去能说什么呢，"我是您的网课'全球媒体发展史'的学生"，除了这句自我介绍外，我好像就没有别的话可说的了，需要说的话，他都在课件视频与资料里说了，该问的问题我也都通过邮件问了。我想就算我真的说出一些别的什么，他大概只会用"Alright"来回答我。毕竟对他而言，我是全然陌生的一个人。

"包租公"穹哥

我的房东叫穹哥。

比起点头之交的室友,房东的事情更值得一谈。我在房东带我看房之前从没见过他,只是偶尔听一些认识他的人称呼他为"穹哥"。穹哥看起来三十岁左右,身高中等、略显结实的他,经常随随便便地穿着纪念 T 恤与拖鞋,这纪念 T 恤多半是来自某场活动的赠品。他的衣着与他戴着的那副斯文的眼镜不太相衬:他看起来不像是一个房东,更像是某个写字楼的职员。而他确实也是:一方面他在美国做会计,另一方面通过租房带来额外收入。

穹哥有房,在美国当"包租公",小日子过得着实不坏。在美国,当"包租公"样样事都要操心。美国是各人自扫门前雪,自己的别墅,春天要剪树,夏天要除草,秋天要扫落叶,冬天要铲雪,七七八八的事情少不了。如果冬天不扫雪,有人在房前滑倒,主人要负责。房子用来出租,门口的草坪要及时清理,如果杂草丛生的话,就会受到社区警告。不要不把警告当回事,在美国什么事都是一板一眼,如果房东置警告于不顾,房屋甚至有可能被查封拍卖。

我们共有四个留学生租住在这幢房子里,穿哥向我们每人收取 400 刀的租金,一月一付。所以,我每个月至少能见到穿哥一次。有一位在我搬进来之前就一直住在这里的女生告诉我,穿哥很抠门,很会算计,为了证明所言不虚,她举了个例子:房门前的那片草地必须定时除草,否则会被罚款。由于大家都娇生惯养,不愿忍受噪音与飞溅的草屑,通常都是房东花钱雇人除草,然后大家月底付钱给房东。但是有几次房东自己把草除了,然后挨个向住户要钱。她觉得匪夷所思,这是房东自己除的草呀,又没有请别人,不应该向她们收钱。我却觉得草除了就该付钱,付给谁无所谓。我甚至有些欣赏房东的做事风格,不会因为自己是房东而把自己当成免费劳动力。

跟女生室友看不惯穿哥不同,我倒挺佩服穿哥的,一个没有任何背景、一无所有的中国留学生,到了地大物博的美国,不但拿到了绿卡,还混成了"地主"。穿哥到底是读商科的,这商业大脑开发得就是彻底,不像我读文科的,算起账来总要犯糊涂。穿哥总是能精确算出几间不同房间的水费、电费、网费、除草费、垃圾清理费,加上房租,按比例分配费用,在月初发出一份清楚的 PDF 明细给每个人,然后过来收租。

要不是知道穿哥是山西人，我简直怀疑他是温州炒房团的成员。穿哥手头有几套房子，圣路易斯是个老城市，当年在美国也算是蛮风光的城市，像百威、爱默生的总部都是在圣路易斯的，美国最大的飞机制造公司麦克唐纳-道格拉斯总部也是在这里，人类第一次登上月球的宇宙飞船也是在这里制造的，它一度是仅次于底特律的美国第二大汽车制造中心，也是仅次于波士顿的第二大制鞋中心。不过这里的房价不高，有一种说法，在全美各大城市中，房屋价格最实惠的是明尼阿波利斯和亚特兰大两座城市，圣路易斯、底特律和匹兹堡也进入了前五名。所以，精明的穿哥看准这一点后，一有余钱就买房，然后以租金还房贷。用穿哥的话来说，跟北上广的房价相比，这里的房价相当于白菜价。从周一到周日，他总是奔波于他的几幢房子之间，扮演着资产阶级与工人阶级的双重角色：有时他开着他那辆漂亮的黑车上门收租，数着我们交给他的房租，四舍五入，多还少补；有时他戴着鸭舌帽拿着榔头、胶水等工具上楼，帮我们解决浴缸缝隙漏水、灯泡不亮、下水道不通之类的问题。美国人工费贵，能自己动手的尽量自己解决，不管是屋漏了、窗破了还是水管裂了，穿哥都是自己想办法的。他的动手能力之强，也让我佩服。

尽管如此，穿哥和我的关系仅限于房东与租客，保留着礼节性的客气，除了每月收租以外几乎没有其他交往。但是从其他房客口中听到的关于他的故事令我对他的敬佩更深了一层。他是山西人,是我们的校友,会计专业毕业后,在美国找到工作并在几年后顺利拿到绿卡。几年间,他在圣路易斯贷款先后买了四五套房子,用房租慢慢还贷款。拿到绿卡后,他把在国内的单身父亲接了过来。穹哥是个孝子,他生活在一个离异的家庭里,当他有能力照顾父亲时,他就想法子把父亲接到美国跟他一起生活。穹哥与太太是校友,不过他太太不常露面,收租什么都是穹哥一个人处理。如果碰到修水管什么的,他爸也会一起过来搭个手帮个忙。

在我毕业退房离开圣路易斯的前一天,穹哥退给我押金,不忘留给我一张当月的费用明细,说了句"一路顺风"就噔噔跑下楼去了。在他的房子里,进进出出的房客多了,我只是其中的一个。对任何房客的离去,他都不会不舍。因为过不了多久,又有新的房客住进他的房子里。

总有人想知道国外租房会发生什么奇闻逸事,但大多数时候,都像国内租房一样平淡无奇。我运气还算好,除了碰到过一个让人头疼的室友外,其他的都还算顺利,既没有被黑中介坑过,也没有遇上什么安全问题。租房,无非是与人打交道,它由一系列的妥协与磨合组成,还有一部分运气与实力点缀其中:毕竟一个人地位越高,经济实力越强,出的钱越多,住的社区就越好。

与三位女生成了室友

在美国留学，住宿通常有两种选择：住在学校或租到校外。至于住什么样的房子，不外乎这四种：Dorm（学生宿舍）、Studio（单身公寓）、House（四房以上的独栋房子）、Homestay（寄宿家庭）。

住在学生宿舍，最大的优点是省心、安全、方便；缺点是面积小，价格相对贵。

住单身公寓，优点是不会被干扰且自由，不过价格不便宜，这类房子不分客厅和卧室，有一个卫生间和一间厨房，尤其适合校园小情侣住。

至于住在寄宿家庭，好与不好就完全看你的造化了。运气好的话，遇上一个好房东，对你客气有加，甚至把你当成自己的娃，有好吃的也会给你留着，你还可以充分体会当地的文化习俗和原汁原味的美式生活。可是要是碰到的房东不咋的，你付了钱却没能得到对应的东西,也够郁闷的。

除了这三种,最常见的就是合租房。这种合租的房子类似我们国内的那种别墅,一般是独立小楼,优点是房间多,分摊下来租金也相对便宜。缺点是,一幢房子住了好几个人,舍友各人各心,容易因生活琐事(公共区域卫生、水电煤气的分摊、生活习惯不同)闹矛盾。

一般来说,留学生因为人生地不熟,第一年通常都选择住在学校里。等"翅膀"长硬些后,不少人则会选择到校外租房。

第二年,学校公寓的租期到了,我自认为"翅膀"也长硬了,就选择搬到校外住。像大多数人一样,搬出去的原因无非是为了更高的生活质量及或是更低的房租。

要租到一间让自己满意的房子并不容易,租房最重要的当然是安全问题,社区的治安情况是首先要考虑的,此外,还有离校距离、交通便利与否、购物是否方便等。

我是通过学校的 QQ 群找的房子。QQ 群对于留学生来说有着特殊意义:那里既充斥着毫无意义的废话,也存在一些对新生有价值的信息,比如有时会闪过的卖车租房的信息,当然,也会出现诈骗广告与论文代写信息。QQ 群里面有一些拿着鸡毛当令箭的学生会长,也有乐于免费接机的学长。更多的是像我一样"潜水"在那里,只看不吱声的沉默的大多数。

在国外找一个"家",确实不容易,而要找到一个价格适中、温馨又适合自己的"家"就更难了。

为了租房,我看了几套房子,那些房屋的风格精确复制了十几前我看过的好莱坞电影的风格,让人有种神游好莱坞的错觉:街道两旁整齐地长着形状各异的树,设计各异而高度相仿的美式别墅整齐地排列着,房前的草地上,房子的主人推着除草机,伴随着噪音与青草的香味在除草,门口停着的是有十几年"高龄"的老爷车,偶尔能看到几辆新车,多半是留学生买的。学校以及学校旁边的这个社区,处在经济日渐衰落的地区,住在这里的居民,大多数恐怕没达到密苏里州的平均收入水平。因为不是高档住宅区,所以这里的房子租金不算高。当然,要想住到一个好一点的地方,不是不可以,不过离学校更远,要开上十分钟车。对于没有车子又想省钱的留学生来说,多半不会选择离学校远的社区。

我选中的这套房子,不算太新,木地板铺垫的楼梯偶尔发出嘎吱声,餐厅顶部的大吊灯显得有些昏暗,十几个灯泡中,有好几个不亮。客厅的沙发坐上去,有一股呛人的灰尘味。这些相对于对生活要求不高的我来说,都可以忽略不计。因为这个房子有个很大的优势,就是离学校近,走路十几分钟就到。

这套房子是上下两层,是典型的美式别墅,也就是美国人说的 House,有两个客厅,四个卧室,三个卫生间,一个厨房,一个阳台。自然环境不错,房前屋后有两片草坪,敏捷的松鼠在门口的两棵大树上上蹿下跳,显出一派人与自然和谐的景象。正如生活的硬件标准达到一定水平后其余的就不再是关键问题,住房面积在脱离"蜗居"水平后也显得不那么重要。我对房东提出的要求只有一个,安排一起住的房客安静些。

这次与我同租一套房的,是三位中国女生。如果说这三位房客有什么特质吸引我,那就是她们和我一样,愿意把我们四个人的关系仅停留在见面打招呼、不做任何深入交流上,而不觉得有任何不妥。不要以为我们冷漠,很多人觉得,既然到了国外,黄皮肤黑眼睛的人就是亲人,应该一见如故才是。其实完全不是这么回事,就像我认识的大多数留学生一样,大家忙于学业和功课,缺乏互相了解的兴趣,也没有相互沟通的时间。繁忙的学习,省略了很多中国留学生礼节性的社交,有什么事大家直奔主题。

听说这一回我和三个女生租住在一起,男同学投来羡慕的目光,有的还开玩笑说我"艳福不浅"。在他们再三的追问下,我无奈地一再重复着我和她们仨只是再普通不过的室友关系。她们作为异性,吸引我的唯一特质就是安静,而这正是我最看重的,我实在是被之前那个闹腾的奇葩室友搞怕了。要说男女合租一套房,和与男生合租一套房,在生活上有什么不同,那就是我一个人担负了周二把后院那个死沉死沉的垃圾桶推到正门,然后周三推回来的义务,而不是由几个男生分担这一工作。

同租一套房的我们四人,来自中国四个不同的城市——南京、成都、青岛、杭州,不过这并没有给我们带来"他乡遇故知"的激动，虽然我们在同一学校不同的院系就读，但在这之前，彼此之间并不认识。这个学校有来自 90 多个国家的 700 多名国际学生，这几年，中国留学生人数在不断增加中，从前些年的几名到现在的一百多名，这里的商学院被 AACSB(国际商学院协会)列为全球 top10 顶尖商学院之一，所以来这里的中国留学生多半选择读商科。不过，即便那三位女生同样都在读商科，她们之间似乎也没有产生深厚的同窗之情。平时，青岛女生总是早出晚归，南京姑娘和成都姑娘总是待在自己的房间里，做着自己的事，看书、写论文、上网，两耳不闻窗外事。

和她们住在一起的一年，完美证明了国内甚嚣尘上的"城市的生活使得邻里之间关系异化，凸显人性冷漠"论调纯属子虚乌有。隔离人与人的，从来不是墙与铁门，而是想法。我与我的第三任室友们——三个女孩和睦相处了一年，虽说是在同一学校就读，住在同一屋檐下，可是由于上课时间不同，我们一周可能见不了一面，交谈也甚少。我妈知道我跟三个女孩住在同一屋檐下，有一次旁敲侧击地问我，是不是有爱情的火花碰撞出？我说我忙于学业，根本没心思想这个。说老实话，我只把她们当室友。除此之外，没有任何感觉。在紧张而繁重的学业面前，爱情似乎成了奢侈品。

不只是我这样想，三位女孩也是这样想。其中一个女孩，直到我回国，还叫不上我的名字。不过我们并不是陌路人，大家都是年轻人,共同的话题也不少,我们偶尔在楼下碰到,会聊一些无关痛痒的话题,比如,在毕业前夕会谈谈毕业后的打算,寒假前会互相问问寒假打算,或者借剪刀、充电器,就像普通邻里一样。我们之间也彼此加了微信,但我们的关系并未进一步深入,毕业之后我们也没有什么联系,聊天记录上只留下一起住时的"没带钥匙请帮忙开个门"或者提醒倒垃圾之类的琐事的信息。

我不觉得有什么遗憾,只要保持良好的房客关系就够了。不互相打扰,这是房客需要遵守的唯一规则。从这点来看,我们四人的思想似乎已经比较接近了。

彬彬有礼的日本室友

刚来美国的留学生中,不少人都有一些美好的幻想,觉得美国这个大熔炉很快能够接纳自己,自己也会习惯并爱上它。他们觉得自己能够习惯美国的食物,因为他们在国内从小就喜欢吃肯德基、麦当劳;他们觉得自己很快就能够和美国同学打成一片,因为他们自认为思想从小就比同龄人开放;他们觉得自己和美国同学住在一起,能培养出深厚的友谊,还能一举两得练习英语。这些幻想五花八门,不一而足。然而用不了多久,大多数人会发现,他们在开学几个月后就厌倦了学校餐厅的奶酪、汉堡与比萨,甚至到了一见这些食物就反胃的地步;他们会发现尽管自己思想开放,和美国同学却只能进行浅层次的交流;和美国同学尽管住在一起,然而玩不到一起更想不到一块儿。

不少国内的学生在初高中时,都住过八人宿舍,那是个毫无隐私而且没有空调并且定时断网断电的地方,因此期待到美国留学时能够住到一个自由些的地方。不过,既然在高中宿舍都能住习惯的话,还有哪里不能习惯呢?说实话,美国普通价格的房子或者公寓又能比国内的宿舍好到哪里去呢?一个住所,无非是几间卧室、厨房、客厅、卫生间的不同排列组合而已。

初到美国的中国留学生,可能会喜欢美国卧室铺满地毯的习惯式设计(就像不少中国人喜欢把鞋柜放门外一样),也可能稍微惊讶于美国最普通的住所都有高度的自动化设施:美国没有毛坯房,所有的房子都是有冷暖空调的精装修房,从厨房里的抽油烟机、微波炉、烤箱、洗碗机到洗衣房里的洗衣机、烘干机一应俱全,这标配。留学生们或许还会为美国几乎没有蟑螂、蚊子而开心几天。当最初的好奇过去,见惯了这种美式生活后,他们又开始抱怨伙食,抱怨和自己的美国同学混不熟,到头来只能和中国人一起玩。

生活上的便捷很快就会习以为常,而房间出现的问题却总是难以习惯。我发现我公寓那张一米八的床让一米八的我难以伸展四肢,客厅顶上敏感的烟尘警报器在煎培根时会尖锐地叫起来,墙与墙之间的隔板是空心的,敲起来是木头的声音,隔音效果极差。在一些失眠的深夜,我能够听到楼上的人在有空隙的木地板上走动的声音,我的思绪会被楼上搬动椅子开派对的吵闹声打断。这些问题就算提前看房子都难以发现,何况不少留学生隔着大洋通过网络看着图片就订了公寓。

对这些问题,也只能见招拆招,对新的环境,不是让它来适应你,而是你要去适应它,我的解决之道就是:试图侧身缩着睡、贴住警报器感应口、试图习惯噪音等。

在我看来,住宿重要的不是住哪里:只要公寓硬件设施到位,真正关键的问题就是房客问题了。就好像于我而言,吃什么不重要,关键是跟谁一起吃。这个才是最难将就的问题。正如刘震云在他的《一地鸡毛》中说的:"渐渐小林有这样一个体会,世界说起来很大,中国人说起来很多,但每个人迫切要处理和对付的,其实就身边周围那么几个人,相互琢磨的也就那么几个人。任何人都不例外,具体到单位,部长是那样,局长是那样,处长是那样,他小林也是那样。"其他房客不会因为你是中国留学生而对你特殊照顾,因为美国人见多了留学生,反正在学校里的每个中国人都是留学生;不会因为你作业繁重对你迁就三分,因为每个人都面对同样繁忙的校园生活。与室友相处发生的都是鸡毛蒜皮的小事,国内外没有区别。人面对的永远是人,而不是那些自动化的机器。

我的第一个室友是日本人,叫冈本拓也。我在网上选学校公寓的时候,一看到这个日本名字,我就毫不犹豫地选择了他。我对日本人的刻板印象一直停留于他们待人的礼貌和做事的严谨上,我觉得他们能够把这种行为处事带到日常生活中。

冈本拓也果然没有让我失望。他戴一副眼镜,个头中等,他的相貌和衣着,就像大多数亚裔留学生一样,看上去有点漫不经心,但又不显得过分突兀或者邋遢。凭他普通的相貌,难以分辨他是哪国人,但是他的口音与谈吐能比他的相貌更好地证明他的国籍。和在一些日剧中看到的一样,他说着一口还算流畅的日式英语;他在言谈中也总是把他的客气态度用言语表现出来,他经常说"感激不尽(Thank you so much)",哪怕只是帮他一个微不足道的小忙,诸如问我学校电脑室的位置。

和冈本拓也住在一起的那一学期,虽然都是自顾自,但我们相处得不错。我们的作息方式相似,日常生活也显得和谐。我们之间没有任何矛盾,也没有任何深入的交往。那时候我没有接触优秀的日剧和日本电影,初到美国的我也无法使用复杂的文学术语,更不可能用英语和他探讨一些我很喜欢的某些译自日语的中文作品。因此,我无法兴致勃勃地与他促膝长谈,告诉他我多么喜欢日本作家芥川龙之介的小说,以及我是多么欣赏夏目漱石,也无法和他分享我知道的那些关于鲁迅与太宰治之间的逸事。加上长期以来中日两国之间的那种复杂而微妙的关系,为了避免引起分歧和争端,我一直抱着和他不谈历史政治话题的想法,免得话不投机引发不必要的隔阂和矛盾。再加上我们每天的上课时间不同,一周偶尔在客厅碰到几次,也只有进行琐碎的交流:或是抱怨不习惯本地食物,或是谈一谈自己的作业多么繁重,难有其他。

　　唯一一次算不上矛盾的矛盾就是某天晚上,他与自己的日本朋友喝酒聊天到十二点多,当时正在看书的我问他声音能不能稍微轻些。他立刻遣散了他的朋友,并且一个劲向我道歉,持续了三天,弄得我都有些不好意思。不过,通过这件事,我对这个日本室友的印象分又提高了不少。

　　等学期结束,他的访学也结束了,要回到日本,我不免有些伤感。这并不是为离开一个不太熟悉的朋友而伤感,而是为担心未来的室友不会像跟他一样好相处而伤感。我和他合了影,互相留了联系方式,说着以后可以发邮件联系。平时不怎么熟的我们,在他回国那天反而显得更像是结交多年的挚友,我不禁暗自感叹"常联系"这样的套话原来是跨越语言、跨越民族的。

　　后来由于我们彼此都忙,我和他礼节性地互发了一封邮件后,就再无联系,除了记得他叫作冈本拓也以及在关西大学就读外,别的一无所知。到后来,我甚至都不知道他给我的那张留着联系方式的纸放在哪一个抽屉了。作为室友,半年来我们仅仅进行流于表面的交流与闲扯,我们本可以深入的友情却没有深入,也不知这是由于亚洲人的矜持,还是我们各自的性格所致。

　　我的第二个室友是来自国内的留学生,我早就对美国人的生活方式有所了解,美国人夜生活丰富,喜欢热闹,经常开派对,而我这个人喜欢安安静静看书,所以找室友时,我特地找了个中国室友:希望能够在生活上少一些矛盾,也希望有矛盾的时候,沟通能够畅通一些。

借用一句托尔斯泰的话描述房客之间的关系——和谐的室友关系是相似的,不和谐的关系各有各的矛盾。尽管日常生活中的矛盾无非那么几种:作息不一致;觉得对方太吵;觉得对方把公共领域弄得太脏;对空调的开关或温度有争议。但是很不幸,我的第二任室友让我一次性体验了房客之间能有的全部矛盾。

一开始,我们也有过交流。他是个喜欢抱怨的人,我听到了他的各种吐槽。说实话,我对他的某些做派很是看不惯:喜欢吹牛不说,还习惯性地在课堂上迟到;喜欢投机取巧,不少英语作业是先写成中文然后用翻译机翻译成英文的;还喜欢把自己学业上的失败,解读为美国教授的种族歧视。

搁置争议,和平共处。我不太愿意对其他人的生活评头论足。我尽量按捺住自己对他无知的鄙视以及对他无能的厌恶,尽量让这个二人公寓的生活简单纯粹一些,可是失败了。

我清楚不少房客之间的矛盾并不是真正的矛盾,也谈不上对错,只是生活习惯不同罢了。如果说作息时间不同是个人问题,那在我那里这些都算不上问题,毕竟这个公寓本身就调和了不少矛盾:两个人卧室是分开的,开关灯互相不影响;对空调的开关或温度有争议,关掉自己房间的空调勉强可以解决。可是没有任何人能对同伴经常性地深夜吵闹或者把干净的客厅弄脏淡然处之,因为这不是一句简单的"习惯不同"能解决的,这是基本的教养问题。我的室友在客厅里吃汉堡,吃完后,沙发上、地板上到处都是掉下的面包屑,他从来不会去收拾,吃完汉堡,包汉堡的袋子随手一扔,就是没有想到垃圾应该扔到垃圾桶里,每一次都是我帮着收拾掉。他是夜猫子,经常在凌晨两三点我熟睡时回来,开门关门的巨响常常把我震醒。有几次,我实在忍不住了,让他开门关门小点声,他听了,什么表情也没有,照样晚归,照样很响地开门关门。

遇到奇葩室友是件头疼的事,然而当你和朋友谈及自己的室友是多么自私时,却会发现语言是如此乏力:"把公共区域弄得乱七八糟""晚上吵得不行"这些话说出来是如此苍白,似乎只是在为一些小事发牢骚。局外人永远不会理解"太吵"这两个字的分量,而你能做的只有被迫面对被弄得一塌糊涂的客厅和一次次忍受深夜开门关门的高分贝噪音。每当这个时候,我不禁想念起我的日本室友,那个有修养的日本小伙子来。

一学期后他走了,留下了一地的垃圾和地板上无法去除的污渍。他走的那天,我比过节还要高兴。而房东,看到房间里满地的垃圾和地板上无法去除的污渍时,摆出了一个无奈和肉痛的表情。他一定后悔把房子租给了这样一个房客。

搬家是件头痛的事

我去美国的时候,是轻装上阵的,并没有带很多行李。除了一个双肩包,只带了一个小行李箱。双肩包里只装了一台笔记本电脑和一打文件。行李箱装着外套、短袖、裤子等不同季节的衣物各两件。初衷很简单,如果有什么需要买的东西,到美国再买就好了。比起带国内穿过的衣服,花钱买国外的新衣服似乎更加划算些。何况第一次出国人生地不熟,带的东西越少越好。

后来和其他留学生聊起来,才发现我的想法有些另类。尽管大多数留学生出国都没有亲人陪伴,也和我一样在美国人生地不熟,可是他们的做法和我截然相反。他们尽可能地多带衣服裤子以及其他用品,塞满两个大号行李箱,如果两个行李箱不够就改成三个。我的一位同学甚至不惜付出超重费用,把平时盖的被子放在第三个行李箱托运,而因为被子付出的费用,则基本可以在美国买一床新的被子。

　　大概是我一直在生活上秉持实用主义的缘故,我的搬家显得比大多数人轻松很多:我不会去买无意义的装饰品,也不喜欢把钱花在审美性大于功能性的物品上。在我住的公寓里,唯一一件装饰品是我在美国亚马逊网站上买的一幅《神奈川的浪》的挂画,然而买了以后我就后悔了。刚开始几天,出于新奇,我还会在房间里踱步,时不时欣赏着自己墙上的挂画,可看着看着就会发现,再好看的装饰画在看习惯以后,也和白色的墙壁无异。于是这幅挂画在我第一次搬家时没有带走,和其他用不到的试卷和文件一起,被我扔进了垃圾桶。

　　不仅仅是装饰品,住学校公寓时,我连实用性的家具都没有买过,唯一的电器是一位朋友回国前送我的微波炉。不少同学觉得学校公寓的桌椅太矮看书不方便,因而买了新桌椅,我没觉得有什么问题,用习惯了就适应了;有些人喜欢社交,为自己公寓客厅添置了新沙发,而我因为不喜欢在公寓社交而省下这笔开支;有些人为了方便锻炼在网上买了组装式的引体向上器械,而我因为不喜欢这些锻炼方式正好就避免了这类消费。这些原本为了提高购买者生活品质的产品,在搬家时却为他们徒增麻烦。然而,即使是在物质上追求最简化的我,搬家过程仍然艰苦万分。我在美国搬过两次家。第一次是从学校公寓搬到新房子,另一次是毕业前把家当带回国。这两次搬家,我都觉得遭罪。

　　第一次搬家的目的地并不远,距离学校只有十几分钟的步行路程,而且搬家时间在八月,这给予了我充分的时间考虑应该带走什么、不应该带走什么。然而与上次的名为"出国"的搬家不同,这一次搬家不要的东西,以后将无法拿回来。这不像出国那样,不带走的衣服可以放在自己家里的房间,等回国后继续穿;不带走的书可以留在书架上,等回国后继续看。尽管这次搬家理论上可以把自己的一切物品带走,也许多带一些不必要的东西只是多一次运东西的次数罢了,可是在炎热的八月,我没有这样的闲心把杂碎打包好带走。

于是要带什么不带什么,就成了问题。

笔记本电脑、平板电脑、手机毫无疑问要带上,不少衣服穿了不过五六个月,被子枕头才用了七八个月也没有理由扔掉。

用过的教科书,尽管觉得有些内容一般般,却觉得还是暂时留着为好,也许可以卖钱,说不定以后别的课也用得到;锅碗瓢盆等,尽管可以把旧的扔掉再买新的,可是不免觉得有些浪费,而且用了一年难免有些感情;出国前带的那些文件尽管用不到,可是又觉得不应该扔以防万一;以前课堂上留下的考试卷,留之无用,却觉得反映着知识点和自己曾经犯过的错误,想扔又有些舍不得……这么一想,似乎自己房间里除了餐巾纸盒、洗发水以外的一切,都有带走的必要。

尽管自己的房间只有十几平方米,可是整理起来时却觉得误入了无底洞:每一个抽屉都有掏不尽的物品,从几张没整理过的写着零星笔记的 A4 纸张,到衣服的备用纽扣和学校发的纪念贴纸。这些还算得上有些实用价值和纪念意义的东西,当我怀着极大的耐心收拾了半小时后,就失去了再收拾下去的耐性了。这样的东西实在太多了,看似不占地方的小东西很快就堆满了一个鞋盒。

而近一年来在美国买的衣服平时都没能塞满一个衣柜,将它们一件件叠起来时却觉得自己的衣服似乎多得数不清,整理起来耗时又耗力;一学年下来课外书加上教科书不过十几本,却显得又重又占地方;那些锅碗瓢盆由于结构原因不能互相嵌合来节约空间,很快填满了我的箱子;原本在沃尔玛买来的显得不大的枕头、被子套装,在打包时却永远不能还原到买来时的大小……

在优先把喜欢的书籍和衣服打包好后,我发现原来那些静静躺在房间的毫无存在感的物品,堆在一起是如此占地方。我对整理那些琐物渐渐觉得烦躁,原本打算带走的一系列小物品全都被我扔到了垃圾桶里。厨房那个用了将近一年有些发黑的锅,原本是想一起带走的,但是想到这个锅可能会弄脏其他行李,想着旧的不去新的不来,我像个败家子一样,毫不犹豫地把它扔了。

这次搬家让我悟出——搬家的核心就是“扔”,那些现在躺在自己抽屉里用不到的东西,恐怕换了个新地方后仍然用不到。与其这样占空间,不如扔了。从纽扣到试卷,原本想着也许以后有用的东西,现在却觉得如果以后要用那么到时候再说。几件穿得有些变形但是无伤大雅的短袖,一条从国内带来的有磨损但是可以装作是刻意为之的牛仔裤,一两件买来之后觉得不好看的衣服,加上一些多余的锅碗瓢盆、调羹,都被我打包好后一并交给了慈善机构。这次搬家,一番折腾后,我才发现,自诩理性的我也是如此不理性,原来还有那么多衣服在买来后几乎没有穿过。

尽管我把自己认为非带走不可的物品压缩到最低限度,可是衣服、书本、文档、被子、微波炉,外加一些必要的锅碗瓢盆等物件,仍然装满了我朋友开来帮我搬家的车子。

在一番折腾之后,这次搬家告一段落了。

相比于第一次搬家,我回国时的那趟搬家,选择就显得轻松多了。第一次搬家,无非是把东西从校内公寓搬到校外的出租房,多搬一次东西并不需要支付时间和力气以外的成本,然而毕业后搬东西回国,行李托运时超重产生的额外费用甚至可能比物品本身贵,于是不少杂碎物品毫无疑问会被抛弃。然而此时却同样要面对着一些权衡,那就是感情与金钱之间的权衡:有一些衣服尽管款式一般,可是由于是在其他城市旅游时购买的,因而增添了一些特殊的意义;在万智牌比赛中获得的奖牌,也许对这个圈子外的人而言一钱不值,可是对我来说,别有纪念意义,我当然不会当成垃圾扔掉。

虽然在美国求学时,一直过着简约的生活,可是和出国时相比,我的行李多了不止一倍,那个出国时带的小行李箱显然不够装。为了这次回国,我特地买了两个大号的行李箱。可是即使是大号行李箱也无法容纳五花八门的东西,何况,不少东西太占地方了,三件冬天的大衣加上两件夹克近乎撑满了一个大号行李箱,鞋子不能完美嵌入行李箱也留下不少空隙,只能把那些薄薄的短袖和衬衫叠上几件填空,很快就填满了半个行李箱,可是还有不少衣服装不进去。事实上,回国时最麻烦的也就是衣物,带与不带,扔与不扔都让我十分纠结。

在回国前一周,我通过一家快递公司邮寄了一箱自己还算喜欢的衣物和鞋子回国。尽管这一百多美元的快递费不算便宜,可是至少比里面装着的衣物要便宜。想要把它们运回去,用快递寄回家,是最好的方法了。

可是房间里还是留下不少东西。我说过,搬家是以"扔"为核心的东西移动过程,但是说起来潇洒,做起来难,每次拿起一个物件,想扔掉时,就觉得物件沉淀着记忆,让人舍不得扔掉。与上次搬家有些不同的是,上一回搬家时,像试卷什么的,对于我以外的任何人都没用,在我不需要的情况下只能扔掉。可是这一次搬家,有不少是我不可能带回国而其他人也许用得到的东西。

于是这一次搬家的核心,我从"扔"字改成了"捐"字。从没吃完的几盒巧克力到一些储物盒,再到那些没卖掉的书本和不想要的衣物,我在出国前几天,叫了几个关系不错的朋友,让他们挑走他们想要的东西,再让他们把剩下的书捐给图书馆,剩下的衣服捐给慈善机构。至于不愿带回去的微波炉和餐具,则留在厨房里,指望下一任房客能够用上它们。

最后,几年来最重要的生活硬件,被压缩在两个装满了衣物的大行李箱和一个装着电脑等电子设备和毕业证的背包里,被我带回国。

带回国的,除了这些物件,还有满满的在美国求学时酸甜苦辣的记忆,这些回忆在脑海里,占据了一定的储存空间。

课 **外** 生活

美 国 留 学 麻 辣 烫

在印第安纳州赢得冠军

　　玩万智牌是我在美国最大的爱好。如果说在美国有什么值得"吹嘘"的经历，那就是在印第安纳州的首府举行的万智牌比赛中，我过五关斩六将，赢得了冠军。

　　圈子外的人，可能没听过万智牌，它是卡牌游戏的一种。从几年前《三国杀》的流行到近几年《炉石传说》的热门，一定程度上带动了桌面游戏的发展，可是万智牌作为集换式卡牌游戏的鼻祖却一直不温不火，一方面万智牌的母公司在推广方面做得不够好，另一方面万智牌的准入门槛也比其他游戏高不少：从几百到几千不等的初期投入，让一些对此有兴趣却囊中羞涩的人望而却步。

　　我接触万智牌的时间其实并不长，是在出国前几个月喜欢上它的。几年来，我不断在万智牌上买进卖出，以牌养牌，已经算不清在这个游戏上花了多少钱，但是万智牌带给我了难以衡量的益处,它提供了一种不同的娱乐方式,为我开拓了一条寻找朋友的新途径,也为我出门旅行找到了绝佳的理由——尽管我喜欢旅行,可是纯粹的观光旅游却总是难以提起我的兴趣。每次我出远门,总是有着观光之外的原因:去旧金山是为了见一位同学;去纽约是为了见一位几年未见的朋友;去拉斯维加斯是为了参加一场比赛。玩上万智牌后,我出远门又多了条极充分的理由。老实说,在美国的这几年,我的旅行大都是和万智牌有着千丝万缕的联系:为了参加万智牌比赛顺便旅行;为了旅行顺便参加比赛;去和一位玩万智牌的留学生网友见面;去见一位因为万智牌认识的朋友……不少万智牌比赛的赛场都是在美国各大城市市中心的体育馆,这使得对城市人文有所偏好的我,能够在与选手们比赛的闲暇穿行在不同的城市,领略城市之美。

如果要为万智牌找一个最为相像的棋牌游戏,那大概是麻将或者扑克牌,只不过万智牌基本上是个二人游戏。这类游戏的随机性一定程度上左右着游戏的胜负,但是我认为,技术比运气更重要,这也就是为什么从德州扑克到万智牌,冠军永远是技术最好的那个而不是运气最好的那个。

万智牌与扑克的区别还在于,万智牌玩家需要自己花钱购买自己的卡片组成一套卡组,而不是像扑克牌一样大家共享一套牌(这也是万智牌价格不亲民的原因)。每个万智牌玩家的卡组都是与众不同的,加上洗牌的随机性,使得世界上每一次万智牌的对局都不会完全相同。

万智牌与扑克牌一样，也有多种玩法。扑克牌有桥牌、德州扑克、斗地主等，万智牌同样有着系统而有规则的玩法：标准、摩登、薪传、特选。其中特选赛制，一套牌的成本甚至达到三四万元人民币。而我对其中的薪传赛制情有独钟，参与的都是薪传赛制的赛事。

在国内，玩这个游戏的人是少数中的少数。我在国内玩万智牌时就知道，美国是万智牌的天堂，万智牌就隶属于美国的孩之宝公司。出国前几个月我就开始期待，能够和美国人一边玩万智牌一边用英语谈笑风生，然后"谈笑间，樯橹灰飞烟灭"。没想到，我太过乐观了，错误地估计了万智牌在美国的流行程度，尽管美国的万智牌玩家比国内要多得多，几乎每周在美国的某个城市都有着大中规模的万智牌比赛，但是万智牌在美国同样不是一个主流娱乐方式。当初满心欢喜的我甚至还在新生见面会上不厌其烦地问那些美国的新生：你们玩万智牌吗？而他们的回答几乎都是一个样：听过但是没玩过。可是即使如此，我还是在几个月内融入了当地的万智牌社群，并且很快认识了一些万智牌牌友。

我在美国参与过几十场的万智牌比赛。我从桌游店开始练手，直到杀入全国各大赛场。美国的每个城市都有一些漫画书店和桌游店，而其中有一些店，会定期组织一些万智牌比赛，桌游店通常是在每周二或是周五举办小型比赛，参赛人数由从七八个到十几个不等。尽管万智牌是个竞技性的游戏,是个只有输赢的游戏,但是大家谁也不会在意在店里交的五美元比赛报名费。比赛通常有三轮,要求每个玩家对战三位不同的玩家,但是大家在这里玩万智牌,更多的只是为了放松和娱乐,而不是为了三轮全胜后获得的那二十多美元的代金券。大家一边客气地相互问好一边洗牌,打牌时也常常客客气气地谈天说地,从万智牌聊到生活琐事,把胜负置之度外。

在几家不同的牌店,我认识了几位牌友——一位拥有硕士学位的核能源工程师,一位祖籍湖北的在美国华盛顿大学求学的新西兰华裔,还有一位用着价值五六万人民币的全闪万智牌套牌的阔少。玩万智牌的人,通常家境不错,从某种角度来说,万智牌为人诟病的不近人情的价格与高难度的玩法导致的曲高和寡,简直就是一道隐形的门槛。与其他主流娱乐方式相比,更高的入门门槛使得大多数玩家家境相对优越而受教育程度较高,而曲高和寡又使得大家在一起玩万智牌时都格外友好。由于大多数玩家都是二十岁到三十岁的年轻人,在一起玩万智牌时,很容易玩着玩着就成为朋友。

以牌会友,这是我玩万智牌一个重要的原因。如果把万智牌单纯地当作娱乐,那么我觉得这一种娱乐不值得我花费如此财力精力。但是通过这个游戏,我认识了许多有趣又有涵养的朋友,这其中,不少人都是同我一样,对文学、历史有着浓厚兴趣,通过万智牌我还找到了当时我在美国最好的朋友凯文,这是额外的收获。同时,通过这个游戏,我找到了游历美国的理由,见识了大千世界和世相百态,还赚了一些外快,这样看来,万智牌对我而言就已经超越简简单单的游戏了。

我参加的比赛远远不止印第安纳州首府的那一场,在美国,我参加过十几个城市举办的大大小小的几十场比赛,成绩逐渐提高。

第二学期的一些周末,我和朋友驾车去距学校一两个小时车程的哥伦比亚参加比赛,还去了别的城市,不过这几次比赛的成绩并不理想,每次都距离前八名不止一步之遥。

第二学期的暑假,我和朋友一起去拉斯维加斯参加万智牌比赛,成绩同样不尽如人意。这场比赛的规模相当大,全美各地甚至全世界各地赶过来的玩家有八千多位,是万智牌赛史上参赛人数最多的一场大奖赛。在激烈的角逐中,我很快就因为战绩糟糕而主动弃赛了。弃赛后,我没有马上回校,而是与几位朋友在赌场玩了几天,领略了拉斯维加斯独特的风光。虽然没能赢得比赛,但是我为自己能参加这场高手如云的大赛而自豪,只是接连在赛场上的失利令我不爽。参加这种正规比赛与在租住的公寓附近桌游店每周进行的娱乐性质的比赛截然不同,本质上,来参赛的都是竞争者,心里总是有着赢得几千美元奖金的欲望,毕竟没有人愿意在周末用将近十个小时的车程,花上一笔住宿费,只是来品尝失败的苦果。"重在参与""友谊第一,比赛第二"这种话,如果不是为了安慰新手的老生常谈,就是强者在经历无数胜利后淡泊名利的肺腑之言。友谊和比赛本来就不冲突,如果参加比赛不是为了获胜,那么还能为了什么?只是没想到,在拉斯维加斯,因为"三观"不同,我跟我最要好的美国朋友凯文闹掰了,以至于我有几个月都提不起兴致碰万智牌。

在大三那年暑假快结束的时候,我与一位同在美国留学而且玩万智牌的朋友约好,去华盛顿旅游并且参加一场万智牌比赛。我在几百位玩家中,勉强挤入前六十四,获得了一百美元奖金,尽管这奖金只能支付华盛顿昂贵的宾馆住宿费的六分之一,可是这次胜利为我赢得了一些信心。而待在华盛顿的那一周,我看了几座有趣的博物馆,认识了一位名为 Joe Lossett 的知名牌手,又重启了对旅游与万智牌的兴趣。回到圣路易斯后,我重拾了这个被我放弃了三个月的爱好,重新联系几位关系不错的朋友开始玩万智牌,也为十月份的圣路易斯公开赛做准备,心想着圣路易斯是我的主场,一定要取得一次不错的成绩。

机缘巧合之下,那场公开赛成了我在万智牌上的转折点。

尽管在圣路易斯举行的那场比赛,跟维加斯那场有八千名选手参加的比赛,在规模上不可同日而语,不过也有四五百名选手参赛,我一路过关斩将,在十五轮比赛后,成功进入前八,尽管在八强赛时,我输给了美国的一位知名牌手,但是能进入前八,我已经很满意了，何况，还有五百美元的奖金。我觉得自己有夺冠的水平，只是一直没有这样的机遇而已，而现在，杀入前八，离我夺冠的目标近了。

一个月后，在堪萨斯城，我又一次成功地在一场副赛上进入前八，并且获得了四百多美元的现金支票。在强手如林的赛场上，接连两次进入前八，使我信心倍增。

随着自己水平的进步，我甚至不怎么再去本地牌店参加周末的小比赛了，尽管每次去都意味着可以拿到十几到二十几美元的代金券，可是我却不满足。万智牌在我心目中，不仅仅是一项娱乐，是我的课余爱好，更是一项事业：我喜欢玩万智牌，也同样想要赢，想要在这个游戏领域成为数一数二的高手。那两次获胜之后，我开始了接下来半年的旅行，与其说是旅行，不如说是在不同的美国城市，参加不同场次的比赛。

好在我玩物并没有丧志，我在学与玩之间寻找着平衡点——为了腾出周末时间出门参加比赛与观光，我必须加紧把学校布置的作业做完，这无形中促使我提高了学习效率；与牌友的交流，除了增进友谊外，又提高了我的口语能力。

为了参加比赛，周末短短两天半四五十个小时的时间，我有十个小时都是在车上和飞机上焦躁不安或是在百无聊赖中等待中度过的；而原本等待比赛时的满心期待，在比赛到来后，会慢慢发酵为焦虑，担心自己在比赛中失败；一场比赛之后，由于时间不多,我只能走马观花式地花上几个小时在市中心游荡,为了赶时间,漫步变成了竞走。

我是整个校园里唯一一个玩万智牌的中国留学生,不少同学和万智牌圈内的朋友,对我作为留学生有这样的闲情逸致、时不时参加不同城市的比赛充满羡慕,他们觉得我在美国的生活太潇洒了,甚至猜测我是不是"富二代",否则哪有这么多闲钱参加这种比赛。可是他们没看到我的另一面,到一个又一个城市参加比赛,为了省钱,我通常是约几个朋友一起开车去,然后合住一间房,有时是两个人挤一间房,人多时五六个人挤一个房间,我甚至打过地铺,但是我没有觉得辛苦,对比赛的渴望让我像打了"鸡血"似的。

每一次参加比赛,我的心情都经历着这样一个循环:在学校上课时,总是无比期待两周后的那一场比赛与旅行,为此不断练习着、安排着、准备着;而到了出发时,因为疲倦与紧张,有时又有些后悔,何苦跑这么远来参赛,不如在公寓里看书、看视频安逸地度过周末,何必把几百美元的机票钱花在胜负未卜的比赛中。不过,一到赛场,看到那些几周未见的牌友,亲切感便油然而生,会过去兴奋地打招呼,一起谈天说地,觉得这一次花钱出行还是值得的。在回来的路上,带着一丝倦意,思考自己在比赛时所犯的错误,与同行的朋友交流在赛场的奇闻逸事和一些选手的八卦故事,觉得这种比赛加旅行的方式,增长见识和阅历,还是值得的,于是又在心里兴冲冲地为下一次的比赛做起了安排。

离 2015 年还剩下一个月,在寒冷的十一月,我参加了西雅图和雪城的两场比赛,分别在两千人的比赛中进入一百名,在五百多人的比赛中杀入前三十。在赛场上,我结识了来自美国其他城市的朋友,而其中也包括几位职业玩家,甚至偶遇了几位为了参赛特地从中国北京和广州飞来的玩家和牌商。

跟他们聊得越多,对万智牌了解得也就越多。万智牌里也有商机,正如德州扑克一样,万智牌同样有职业牌手,有些人隔三岔五地满世界跑,专职打万智牌,一边游山玩水,一边稳定地赢取奖金,万智牌成为他们的谋生手段;也有的为万智牌网站撰稿,写关于万智牌的策略分析性文章挣得稿费,或是在网上直播打万智牌来赚钱;有人专做买卖万智牌的生意,我在西雅图认识的一位玩家,他本着低买高卖的原则,长期往返于中国与美国,将美国的牌卖到中国去,或是将中国的牌卖到国外。

接下来的一年,我在万智牌比赛上的发挥趋于稳定,越赛越有信心,成绩也不断提高,在中小规模的万智牌比赛上,我能够稳定进入前八,在印第安纳波利斯的一场比赛中,我更是大获全胜。

印第安纳波利斯是美国中西部的城市,是印第安纳州的首府,是美国第四大的州首府,美国海军有多艘战舰就是以印第安纳州命名的。印第安纳原意是印第安人的土地,圈外人只知道这是个有着冗长名字的城市,圈内人知道它的不少,爱好博物馆的人知道城里有印第安纳艺术博物馆和全球最大的儿童博物馆,赛车迷知道这是赛车之都,篮球迷们知道步行者队和 NBA,这里还是步行者的天堂,有洋溢着文化气息的骑行步道,《纽约时报》将这个城市列入"全球最该去的 52 个地方"榜单。看来,这个城市我是应该去的。

周末时,我与几个同伴从圣路易斯出发,驱车四个多小时,傍晚时到达该州。周六是七八百人参加的主赛,周日是副赛,在周日的副赛中,我状态很好,发挥也很好,竟然获得了冠军,为自己赢得了一块奖牌和一笔一千多美元的奖金,这笔奖金,也是我在历次比赛中赢得数额最高的一笔奖金,拿到这笔钱,我马上买了新的万智牌,期望这些牌下次能够高价卖出,为我再赚回一笔钱。

随着水平的提高,比赛中赢钱的机会也增多了,到后来,每一次参加万智牌比赛,对我而言就是玩上两天牌,见几个朋友,拿几百美元外快,附带着游历这些城市。万智牌打多了,我也变得"淡泊"起来,因为随着名次的不断靠前,我的心态也在不断改变:刚开始比赛的时候,我想进入前八;等进入前八后,我又想拿冠军;拿到冠军,又觉得所谓的成功也不过如此。

文青有他们自己的精神领袖,篮球爱好者有着自己喜欢的运动员,而万智牌圈子里,也有不少因为技术好而脱颖而出的牌手。我曾经无比期望能够和他们同台竞技,也希望能因自己的水平而受到同他们一样的尊重,尽管我和那些高级玩家仍然有不小的差距,可是随着偶尔几次击败他们或是排名比他们靠前,在很多其他玩家的眼里,我也成为这一领域的"达人"了。我在美国的这个圈子里,也渐渐有了一些知名度。在"非死不可"(Facebook)上,有时也会有一些万智牌玩家申请加我为好友,向我请教一些万智牌套牌的技巧;有时候在赛场,有些不认识的人会跟我打招呼,问我一些套牌中的取舍问题,这时候我会觉得,为比赛付出的努力都是值得的。

我在美国参加的最后一场比赛是在哥伦布举行的,我与圣路易斯的几个好友一起驾车前往。由于那是一场年度大赛,我在美国几乎所有的万智牌牌友都去了,那是我在美国参加的最后一场比赛,在比赛间隙,我和不少朋友一一道别,而他们也送上了诚挚的祝福,或是与我合影留念,相约着"有缘再相见"。

这场比赛后不久,学期就结束了,我如期拿到了学位,不过我手头的生活费也用完了,我想回国之前再游玩一些城市,但又不想向父母要钱,于是我卖了一些万智牌,换回了旅费和一张回国的机票。

老外说我像功夫明星

第一次听到有人说我像李小龙，我没有惊喜，只是感到奇怪。

那天，我一个人走在大学附近的一条街上，一个从衣着上勉强能不被归到流浪汉之列的黑人迎面走来，他注视了我几秒钟后，说，嘿，你长得很像李小龙，并且问我是否懂得功夫，甚至还对空打了几拳。

我觉得莫名其妙。那时候的我留着快要垂到肩上的长发，这和李小龙的刘海发型相去甚远。我知道自己的长相，除了和李小龙有同样属于亚裔的肤色发色以外，在相貌上没有任何相似处。但是在大学附近的这条街上，被黑人这样莫名其妙地招呼并认作李小龙我已经见怪不怪。尽管这条街几百米开外就是美国最高学府之一的华盛顿大学圣路易斯校区，但是这一条密布着餐馆、书店、画店、乐器店乃至纹身店和冥想室的街道，向来都是嬉皮士喜欢待的地方。除了嬉皮士，在这条热闹繁华的街道上，一些看上去精神不太正常的人和流浪汉也混迹其中。在我来美国的第三天，我带着新奇感到这个地方转悠，一个白人在和我擦肩而过时，冲着我没头没脑地说了一句：美国人从未上过月球，那是个骗局。我一时没反应过来，等反应过来，不觉哑然失笑，这句话，有点像地下党的接头暗号。

除了被认为像李小龙，我还有一次被认为像成龙。有天晚上，我在学校公寓的大厅和另一个朋友聊天。一个不认识的年轻黑人过来搭讪，想要加入我们的谈话。与其说他想要加入谈话，不如说他想要为自己的独白找几个听众，为自己找一个"知心大哥"。他滔滔不绝地谈论着自己的感情问题，说自己喜欢我校的一个女生，但是那个女生对他没兴趣。他没有上大学，只是我们学校的一个打工仔。他甚至还给我们看了一张他喜欢的女生的照片，白人姑娘，非常漂亮。在占用了我和我朋友四五十分钟的时间后，他成功给我留下了"话痨"的印象。当他结束了关于他感情的长篇大论后，又和我们有一搭没一搭地聊了几句。离开前，他还冲着我说了一句，有个电影明星叫作成龙，我觉得你有些像他。

这是第二次碰到黑人说我像中国的功夫明星，我几乎有些怀疑自己的长相，于是我去问朋友，我到底哪里像成龙。为了防止因美国人对亚洲人脸庞辨认度不高闹笑话，我特地找了个华人问这个问题。然而他并没为我解答这个问题，而是有些愤愤地说，那些人是变着法子骂你。

我想不到他会这么说,我有些好奇,问他此话怎讲,在我的追问下,他稍微解释了一下其中原因:他们这么说,是在暗指所有的亚洲人都长的一个模样,而李小龙、成龙又是他们知道的少数知名亚裔。

听完,我不禁"呵呵"了。看来对外国人脸盲的并不只是我们。

跟这位敏感的华人同学不同,我并没有感觉他们是变着法子骂人。在他们的眼里,亚洲人都长得一个样,可是在中国人眼里,那些美国人不也是长得大同小异,好像一母所生吗?我刚来美国时,和不少华人一样有着相同的抱怨,觉得外国人,尤其是黑人长得都差不多,实在难以辨认,他们无不有着深黑色的皮肤,突出的厚嘴唇,我不知道如何简单地记住他们,于是想了个方法:见面时不用名字称呼他们,而仅仅说"hi",这样保证不会出错。

所幸上课时黑人喜欢坐在一起,就像亚洲学生由于语言或者文化原因喜欢待在一起一样。而我和他们平时也不太打交道,因此也不会受到无法辨认的困扰。即使课堂上布置有要课后完成的小组项目,黑人同学通常只有一两个,这样搞混的几率就大大降低了:就算记不住脸,身高或者发型这些还是可以记住的。

尽管如此,还是发生了一个小错误:有一次,我不小心把两位黑人女同学的名字记混了,张冠李戴地给另一个人发了邮件讨论作业。在课后我意识到自己发错了邮件后,马上表示了歉意并解释自己有些脸盲,不太容易认人。我希望通过这些解释能够让她们感受好些,她们当然客气地说没事。可是现在想来,当我为了解除这一小小尴尬扯出"脸盲"这个词时,不知道会不会冒犯黑人女同学——她们会不会觉得我在暗指黑人的长相都一样呢。

作为亚洲人,我们能够分辨中国人、韩国人、日本人之间的微妙差别;在美国待久了,我甚至能够分辨出华人与美籍华人之间的区别;可是到黑人那里,却分不清谁是谁了,谁让他们长得一样呢。

不过,到了后来,我的想法渐渐变了。与其说他们长得一样,不如说我们对他们接触还不够深,没有习惯分辨他们的区别,或者只是为自己的懒惰找了一个借口,不愿意承认他们从五官到造型和我们一样有着不同的变化罢了。我原本觉得所有黑人的造型都是千篇一律的,可是在美国几年待下来,我大致可以像区分亚裔一样区分出他们的不同。有几次在课堂上,我甚至能够分辨出非裔美国人和在美留学的非洲人之间的微妙区别。

在一堂电影史课后,我向给我们上课的老教授推荐我觉得比较不错的中国电影时,提到了《英雄》,他笑着说看过并且很喜欢那部电影的配乐,尽管他不是很确定那部电影的具体内涵。而我在向他解释之后,他恍然大悟。在那次谈话的末尾,他开玩笑地说,中国男性留学生很少有留长发的,你这种长发造型很像《英雄》里的那个刺客。

我笑着说谢谢,毕竟我记得电影里披着头发的角色是梁朝伟,一个眼神忧郁的帅哥,但是心里不免嘀咕,这教授不至于也是脸盲吧。

开着私家车穷游

在美国，主流的出行方式有两种，一是自驾游，二是坐飞机。坐飞机不用多说，这是最方便最快捷的出行方式，不过价格相对偏高，而自驾游则是一种更加自由而且廉价的出行方式。

尽管自驾游并不属于美国独有的现象，可是美国这片土壤却给自驾游提供了得天独厚的优势。毕业时，不少留学生为了纪念自己的大学生涯，会与同学、朋友来个一周左右的自驾游——途经美国的著名城市，游历美国的主流景点；还有些旅游爱好者，会把寒暑假的时间全花在自驾游上，一放假，就开着车到处跑；那些讲究生活情调的人，周末也喜欢开车出去，比如，我的一个同学，每隔几周就会在周末与女友驾车四五个小时去孟菲斯，只为了吃一顿当地的烧烤，然后当天返回。

自驾游成为留学生喜欢的出游方式是有原因的，一方面，美国没有像中国那么四通八达的动车，而体验算不上好的灰狗巴士由于速度不如私家车快并且不够自由,通常也不可能成为首选。美国私家车的普及,在一定程度上推动了汽车旅行的普及。"美国是装在汽车轮子上的国家"这句话人尽皆知。在美国,差不多家家有车,有的还有好几辆,美国一辆普通的车,通常税后的价格是二到三万美元,就美国人均三千美元的月收入来说,那是相当便宜的,干个大半年就可以买一辆经济型轿车了。在美国,租车成本同样不高,通常普通轿车一天租金为五十美元,根据租车人的年龄等条件又会上下浮动。有一次,我与几个朋友出门旅行两天,四人租了一辆车,AA 制后,每人只摊到二十美元的费用,简直便宜得不像话。

国外自成一体的加油站服务系统,也极大地提高了汽车旅行的便利性。国内高速公路的服务区尽管提供齐全的服务,可是经常人满为患,食品价格也偏高。而美国没有服务区这一概念,通常他们的加油站都是一个自成一体的小服务区。不同于中国的加油站,美国的加油站多半是自助的,通过刷卡付款。尽管对于新手来说效率偏低,可是即使雇用了工人帮助加油,那也是要由司机承担成本的,因此这也算得上是降低成本之举。

在美国,大多数加油站旁边都有一个规模不算小的超市,既卖食品,也卖冰块之类的旅途用品,稍微大一些的加油站,通常还会有几家诸如熊猫快递或是 Applebee's 之类的连锁快餐店,这一点跟国内没什么两样。但是令人称道的是,这些快餐店中食品的价格,并没有因为设在加油站内而提高,通常与其他地方的价格保持一致(美国机场的星巴克也没有因为地理位置而涨价,只是不提供免费 Wi-Fi),这也大大提高了旅行的效率,司机既不用开车进城去找餐馆,也不会因为不愿吃比平常贵出一倍的食物,而只在车上吃几片牛肉干与巧克力凑合填饱肚子。

美国的收费站极少,这是最为人称道的地方。在我经历的几次旅行中,印象中只有两次路过收费站,一次是进入芝加哥时,另一次是进入国家公园时。收费站少,大大提高了道路的通行效率,几乎不会看到高速公路上停着大量车等待通过收费站,只为了在等待工作人员找零钱。有人说,尽管没有收费站这一点听起来很美好,可是"羊毛出在羊身上",这些路费已经提前包含在油费里了。可是,即便如此,美国的油价在去掉税后仍然比中国的油价要低。我身边有人曾经不断抱怨着逐年上涨的油价,说从去年到今年,油价每升上升了几十美分,可是他们一回国,一对比国内的油价,就不会这么想了。

自驾车出行少不得要找旅馆,汽车旅馆为开车的人提供了极大的便利,而价格也相对较低。汽车旅馆是不少非法交易发生的地方,也是一些无家可归之人的暂居之地,但是对于大多数人来说,这只是一个提供住宿的地方。我在汽车旅馆住过一晚,那是在俄亥俄州的哥伦布。和大多数宾馆一样,它干净、简洁,甚至简洁得有些乏味。尽管硬件设施并无问题,不过由于当晚我住的汽车旅馆就在高速公路的右侧,因而晚上有几次被路上疾驰而过的汽车吵醒。尽管并不是所有的汽车旅馆都很吵,可是有了这一次的住宿经历就够了,我宁可多花一些钱住在安静些的旅馆,也不愿意冒险让自己的旅行因为一晚糟糕的睡眠被糟蹋。

在美国读书期间,我游历过十几个城市,好几次是与朋友或者同学自驾去的,短途的自驾不过四五个小时,最长的一次旅行是从圣路易斯到拉斯维加斯,那一次旅途花费了二十多个小时。那次自驾游,是我的朋友邀请我与另外两位朋友一起去参加一场比赛以及顺便进行观光旅游。原本我提议坐飞机,可是他们一致建议驾车前往。初衷有二,一是为了观赏沿路的风光,二是为了省下一些钱。此次行程中有两位旅伴有过一起开车二十多小时到佛罗里达的经历,他们觉得自己是老手,开这趟车不成问题。这进一步说服我放弃了坐飞机而同意自驾前往。我也自我安慰道,毕竟美国到中国十几小时的飞机都坐过,二十几小时的旅途应该也不在话下,何况还能下车活动。

漫长的旅途显得有些无聊,前几小时我们还兴致勃勃地聊天,无所不谈,从对拉斯维加斯的期待到这次旅行的具体行程安排,然后转到其他没有任何关联的话题,东拉西扯着。可是过了一个多小时,大家就渐渐停止谈话。不是无话可谈,只是无话想谈。前几个小时同伴们带着兴奋感看那些草原还能觉得新鲜,但二十几个小时都在赶路,车窗外单一的风景也失去了美感。

当大家对窗外的风景失去兴趣后,不开车的三人开始低头玩起手机。在行车时,没人能够继续专注地阅读手机上的文章,只是一遍又一遍百无聊赖地刷新着 Facebook。车里的音响放着我不喜欢而他们喜欢的摇滚乐,这只是为了使驾驶员保持清醒的头脑,不至于昏昏欲睡。

中间有同伴想要上厕所,可是高速公路又不能随意停靠,只能硬撑着等到下一个加油站。尽管有人提议下车找一块平原就地解决,可是却被义正词严地拒绝了,一是这算违法行为,轻则罚款重则拘留,二则天色渐晚,贸然停车也难免会有危险。地大物博的美国,有时候两个加油站相隔几小时的路程,大家只能指望运气好些,加油站近些,就在十几分钟车程之内。

终于到了加油站,大家全然一副解放了的模样,中间下车吃饭,每个人都好像逃出牢笼似的,深呼吸,跺脚,然后在餐厅百无聊赖地等着用餐。也许是旅途的无聊导致我失去了胃口,原本喜欢的食物味道都显得非常一般,可是也只能将就了。半小时后我回到车里,等待自己被运输到拉斯维加斯。

车子又开了十多个小时,夜已经深了,高速公路上除了月亮和车灯,几乎没有其他的照明物。出于安全考虑,车速迫不得已慢了下来,凌晨三点多时,强烈的倦意战胜了侧坐睡觉时脖子的酸痛感,我渐渐睡去。

没想到,在一座城市附近的高速公路上,我们由于超速被警察拦下。在美国开车,有这样一条规矩:如果被警察拦下,一定要老老实实坐在车内等待警察来到车旁,不能下车,否则就有可能被认为袭警。

警察向我们车内张望着:两个留着胡须的美国青年,一个有一头凌乱长发的黄皮肤黑眼睛的亚洲青年,四人中有三个像嬉皮士一样的人,本身也许谈不上可疑,可是车上每一个人都因为疲倦毫无精神,像是几个吸大麻上头的人。尽管我们每一个人都配合地出示了证件,好说歹说才说服警察不要搜查后备厢:因为我们急着赶路,不愿再浪费时间了。也许因为我们是学生旅行者,我们并没有吃罚单,只收到了个口头警告。要知道,美国对于超速处罚是很严厉的,超速一次就要被罚数百美元。我们庆幸自己的运气足够好。

比赛结束后,我们踏上归程。回来的路上,我们路过一个国家公园,欣赏了两处自然景点,看了胡佛大坝,看到一些牛仔赶马,又看了一遍那些奇异的山川。在回去的路上,我们讨论到底是自驾车出行合算还是坐飞机合算,他们三人中,有两人觉得这次选择开车而不是坐飞机是值得的,虽然累是累了些,不过省了钱又饱了眼福,物有所值。而我却觉得开开停停,一路吃不好睡不好,最后加上分摊的油费与租车费,比直接买双程机票便宜不了几个子儿,若摊上时间成本,未必合算,不过,从增长见识和阅历这一点上,自驾车出游还是很有意思的。

每逢佳节泪两行

美国的寒假通常是从十二月中下旬放到一月中旬,对于大多数的华人留学生来说,寒假只有两个选择:回国或者留在美国。如果回国的话,国内绝大多数的人这个时候也都忙于年末的各种事务,还在读书的同学则忙于准备期末考试,难免有些无趣。待在美国的话,大多数同学不是在宿舍里看书、休息,就是出门旅游。

寒假里的节日一个挨着一个,先是圣诞,圣诞之后是新年,接着就是春节了。我对节日其实并不太看重,一直以来,我都把庆祝节日看作是人们将花钱与游山玩水合理化的一种方式。我认为,过好每一天比什么都重要,最好每一天都波澜不惊。抱着这个想法的我,难以体会到不少留学生"每逢佳节倍思亲"的痛苦。

寒假里过的第一个重要的节日,就是圣诞节。在国内,年轻人通常会在圣诞节营造出圣诞的氛围,用看电影或者吃西餐的方式庆祝。可是在美国,这样过节就有些索然无味。国内不经常吃的西餐,在国外成了最普通的正餐,圣诞再吃西餐就有些缺乏创意了。但要像美国人一样过一个"正宗"的圣诞节,却也不可能:毕竟大多数留学生都孤身求学,身边没有亲属,能做的也就是聚个餐,吃顿火锅,一起聊聊天。

圣诞节时,班里有几个关系不错的美国同学,想当然地认为我过节会想家,觉得我一个人过寒假会孤单,热情地邀请我去他们家与他们一起过圣诞节,我觉得我作为一个陌生人出现在他们家中,会打乱一个家庭性质的聚会,更何况他们的邀约是单方面的,他们的父母可能并不知道,所以我谢绝了他们的好意。

每年寒假,我都会去加州见朋友,加州十二月仍然能保持十几到二十几度的适宜温度,单凭这一点,就比寒冷的美国中西部要好得多。

为了省钱,我选择的航班在十二月二十四日平安夜起飞,十二月三十一日飞回圣路易斯。之所以选这两个时间,主要是图个便宜,如果为了过平安夜提前一天,机票则要贵出一百多美元。平安夜和新年的前一天,这两个日子对于不少人有特殊意义,所以很多人宁愿机票价格贵一些,也要赶回家。

平安夜的当天,机上的乘客非常少,入座率只有一半左右。坐在空空的飞机上,我不禁猜想那些选择在平安夜乘飞机的人,是不是有什么重要的事需要处理,以至于放弃了与家人团聚的机会。毕竟圣诞节对于大多数美国人来说意义重大。美国人通常在圣诞节前两个星期就开始准备:装饰房子、买各种各样的礼物、准备圣诞大餐,为的是在平安夜一家人高高兴兴在一起过节。

机上的乘客以四十岁以上的白人大叔为主,他们或是闭目养神,或是看着自己的手机,他们的表情与平时无异,当然看不到脸上洋溢的所谓的微笑或是节日的喜庆,仿佛这只是普通的一天。在机场,唯一提醒我这是平安夜的,是登机与下机时空姐的一声"圣诞快乐"。

下飞机后与朋友见面,街上仍然灯火通明,尽管一些店铺已经关门,可是街道上仍然车来车往,连锁餐馆与超市并没有因为圣诞节而停业,一切似乎并没有多么大的变化,只是九点钟的街道看起来更像十一点的街道而已,人比平时更少。这样的夜晚,与家人团聚、一家人开心地吃着火鸡比什么都强,所谓的幸福,其实也很简单——每一个节日,一家人都能够在一起。

尽管圣诞节是美国人最看重的节日,但若单论节日氛围,远不如国内的春节:既没有燃放烟花的传统(何况本来就没有燃放的权利),也没有与这个节日的隆重程度相匹配的商场大折扣,固然大商场会因圣诞节而打些折,可是比起一个月之前的"黑色星期五",圣诞节的折扣并不那么吸引人。街道上,除了闹市区那些被装饰起来的大型圣诞树和被圣诞树与圣诞老人的图画装点成红绿白三色的商店橱窗外,其他看上去也没有什么不同。大多数超市和餐馆大概是为了节约成本,选择性地无视了圣诞节,照常开业,也没有什么优惠,旧金山的华人街甚至看不到"庆祝圣诞"的字样。

圣诞节对于不少华人来说,无非是穿插在一个三十天假期中的某一天,如果不是有行程安排或者出门购买折扣商品,那么很可能都不会注意到这是平安夜。可是春节就有些不同,国内的社交媒体和新闻网站,都在营造着各种氛围,有意强调着即将到来的节日,校园的告示栏上,也会有人贴着诸如"庆祝春节"字样的中英文标语,使人很难不注意到春节的来临。

只是由于学制的不同,国内的亲人欢天喜地过春节的时候,通常正是国外大学考试的时候,尽管我并不太看重节日,但是身为中国人,春节在我的心中还是占有很重的分量的,只是有好几次,我因为作业太多忙于应付,根本就没有闲心管什么春节不春节,连华人学生会的活动也没有心情参加,只能在事后打听那天的活动是否有趣。

纽约、旧金山这些华人聚集的城市,春节时会有新年庆典甚至大型联欢晚会。与那些有庞大的华人社团以及热闹非凡的华人街的大城市不同,圣路易斯除了几所大学和几家大公司外,好像并没有足够的魅力吸引华人的到来。而所谓的华人街,也只是中文字面意义上的一条街,开着几家中国超市与中国餐馆,还有稀稀拉拉的一些其他华人经营的业务。就算春节这样对于华人来说意义重大的大节日,也没有见到有华人社团举办大型的活动,所以圣路易斯的春节氛围显然比纽约、旧金山淡多了。

国外没有春节放假的习惯,不过由于中国文化的传播和留学生的增多,很多老外教授也知道了春节在中国人心目中的分量,所以当除夕到来,一些中国学生不去上课,老师们也睁只眼闭只眼,有时候,教授还会邀请一些中国学生去他们家包包饺子看看春晚。各个学校的华人学生会也会组织一些如春节晚会之类的娱乐活动,华人教会也会召集信徒开展活动。这中间,还有不少老外来凑热闹。

在国外,要过个与在中国一样的原汁原味的春节,比中彩票还难,吃饺子、看春晚,与国内亲人通电话,似乎成了海外学子过春节的标配。当国内的人们欢天喜地过春节时,通常美国已经开学了,或者正好赶上考试期,中国留学生不但不能通宵庆祝,而且因为有着十几小时的时差,不能同步看春晚来分享国内亲人的喜悦。国内的年味照样那么浓,只是通过网络传递之后已经大打折扣。尽管有时差,还是有不少人起个大早,坐在电脑前看春晚,节目好差不是主要的,只要欢天喜地的开场音乐响起,大家又会找到一家人围坐在一起吃饺子、嗑瓜子、打麻将的那种熟悉的感觉。

每年除夕,在美国的留学生都会与家人通上一个电话或者来个视频,在异国的除夕夜,有的时候,这个电话,会让背负着学业与想家双重压力的学生,涌上复杂的感情,一些情感脆弱些的女同学,听到亲人们的问候或者几首伤感的歌曲,会直接哭出来。"每逢佳节泪两行",想家的情绪似乎在节日里被双倍放大。

百味杂陈的美国中餐

　　我开始想吃中餐,是在美国待了将近两周后。我原本自信地以为我会像习惯当地文化习俗和语言一样,很快地适应当地的食物。刚出国时,我甚至还有些期待正宗的美式食品,在国内时我曾经为美国的食物辩护,辩驳朋友的"美国食物种类少"论,我的论调是,牛排、派、汉堡、意面、比萨,每一种都可以因为佐料与烹饪方法的不同而千变万化。没想到,来美国半个月,我就开始怀念起中餐了。说实话,美国人在食物上真体现不出什么创新力,他们烹饪食物的方法似乎只有炸、煎、煮几种,什么炸鸡、炸鱼排、炸薯条、炸香肠等,啥东西都可以放油里一炸了之,吃了这些油炸食物后满嘴流油,要不就是煮,什么水煮玉米粒、水煮西兰花……把食物往水里一扔,半生不熟就捞上来装盘。

　　当很快吃腻了千篇一律的美国食物时,我开始想念起中餐了。有的时候,思乡就体现在思念故土的食物上,有一个在美国留学的女孩子就跟我说,在梦中,她常梦见外婆做的梅干菜扣肉、栗子红烧肉,妈妈做的红烧狮子头、老鸭笋干煲,醒来时发现口水流了一枕头,除了口水之外,还有想家的泪水。我当然不会像她这样多愁善感和脆弱,但是我能理解她心胃相连的思乡感觉。

"我听说中餐馆的饭有两种,一种是给人吃的,一种是给鬼吃的。所谓'给人吃的'就是给中国人吃的普通中餐,而给'鬼'吃的指的是给美国人吃的。进中餐馆时,要对服务员说要吃'给人吃的',才能享受真正的中餐。"这是我在美国认识的一个好吹牛的人提醒我时说的话。这家伙说起话来天花乱坠,他喜欢妄自猜测,然后把他的狂想假托他人之口添油加醋地说出。那一次他说得头头是道,我乍听此话时深信不疑。在这之前,我在微博上也看到一些转发量很高的文章,带着骄傲称国外的中餐就像国内的西餐一样,价格会比普通价格高出一截,而且供不应求。到了美国后才发现,全然不是这么回事。

我从没有在一家中餐馆说过"要一份给人吃的盖浇饭",想来也不用说,因为中餐馆对上门来的顾客不可能根据国家差别对待。所谓的中餐在美国大为流行广受欢迎,大概也谈不上,用"接受度较高"几个字描述倒比较合理。有些美国人对中餐有一定的好感,会不定期地去吃中餐,就像中国人不定期会去吃西餐一样。可是这种对异国食物的爱好显得有些叶公好龙:对那些食物的喜爱停留在隔几天或者隔几周吃一次调节口味上,而不是在家里把中餐换为主食。

中餐馆在美国随处可见，中餐随处可吃到，我们学校餐厅最右边就有一个卖中餐的窗口，而且是现做的。

学校餐厅有中餐供应，我觉得是件难能可贵的事，着实体现了美国海纳百川、包罗万象的胸怀。餐厅的这个点，售卖的不全是中餐，还有沙拉、比萨、汉堡、薯条、玉米卷。比起学校餐厅只有周二和周四才供应墨西哥玉米卷，周一到周五持续供应中餐已经非常厚道了。毕竟我的学校亚裔比例只有百分之二，更不用说百分之二的亚裔里，还有不少是土生土长习惯吃奶酪、汉堡、比萨的美籍亚裔和一些喜欢吃泡菜的韩国人。

学校食堂的中餐制作和这个餐厅里其他快餐的制作一样高度机械化。每次厨师都重复着同样的动作，大勺子从原料区游走，在学生的要求下，舀来西兰花、胡萝卜、蘑菇、青菜、鸡肉、豆腐等食材中的几种，不怎么细切就准备下锅。而后烧热锅，倒油，炒菜，炒熟后加入酱汁。主食只有两种：米饭与面条。如果是米饭，那就把炒好的菜盖在饭上，如果是面条就倒在菜上一起混着炒，这样炮制成一道粗犷而高效的西式中餐。每次炒完菜，食堂的大师傅只需要随意地把锅往旁边一丢，就会有人收拾，然后从灶台下方抽出另一个干净的锅继续工作。

尽管如此，中餐还是学校餐厅里烹调速度最慢的"快餐"，不同于炸鸡，可以一次性炸好一批，厨师没有三头六臂一次性炒三碗饭,因为食客搭配的食材各不相同。可是即使如此,总是有人愿意耐心地排队等待。通常情况下,我是队伍里唯一一个亚裔,也许是因为学校的亚裔本来就只有百分之二,也许因为其他华人不喜欢学校的中餐味道,反正这支队伍里很少看到黄皮肤的人。

做中餐的厨师是位无比敬业的黑人,每当有学生由于不认识菜名试图用手伸过玻璃指着菜时,他总会伸出手予以制止,说这样有可能污染食物,你只需要告诉我你要第几排第几个食物就好了。多去几次后,他就能精确地报出我要加哪些蔬菜和肉。可是这位敬业的厨师做出的中餐,味道却难以恭维。吃了几次后,就能理解为什么在那里排队的华人没几个。

原因并不是出在食材新鲜不新鲜上,也不是因为食物没煮熟,问题出在酱料上。

黑人厨师给中餐搭配的酱料,除了酱油和胡椒外有四种,一种是浅红色,另外三种都是黑乎乎的一片。那是墨西哥风格的甜辣酱,还有照烧酱、豆瓣酱,加上一种我不知道名字的酱。如果说来自日本的照烧酱还算是亚洲特色,那么在中式快餐里加上甜辣酱令我觉得有些像蛋炒饭加奶酪。而豆瓣酱则走上了"美国特色的资本主义道路",带着一种淡淡的酸味与甜味。最后一种我至今都叫不上名字的酱料,似乎只是一种更加美国化的酱油而已。中餐加上这些西化了的调料之后,味道更加甜,也更加酸。

校外的中餐比学校里的中餐正宗很多。美国的中西部有知名度非常高的熊猫快递(Panda Express),就是由华人开的连锁中餐厅。尽管味道算不上有特色,可是其中的西蓝花炒牛肉、糖醋排骨、糖醋鸡肉(英文名曰橘子鸡或橙色鸡)都算得上中规中矩的中国菜,这几样菜两边都能讨好:中国人吃起来,觉得有些甜可是味道还算不错,而对于美国人来说,味道别具一格。也正是因为如此,熊猫快递在美国快餐市场算得上有一席之地,在商场和机场经常能看到它的店牌:红色边框的圆圈内趴着一个黑白色的熊猫,外围一圈用英文写着"PANDA EXPRESS CHINESE KITCHEN"。值得称道的是熊猫快递的价格很亲民,它并不比美式快餐店的汉堡薯条饮料组合要贵,每道菜都是十美元上下,甚至有时还能比美式快餐稍微便宜些。

而每个城市都零零散散分布着一些独立的中餐馆,那些餐馆做出来的中餐味道比那些为了讨好美国人胃口的连锁中式餐厅更加正宗。店员们不少都是地道的中国人,在点菜时,他们对美国顾客说的是带着浓重中国口音却无比流利的英语,或是对像我这样的华人顾客说着带着粤语口音的普通话:"先森,雷好,这边请!"在某种意义上,这口音就代表着他们厨艺的专业性和中餐的"根正苗红"了。

或许是因为他们不愿意改变食物的本来味道,或许是因为正宗的中餐成本相对低廉,或许是因为他们的食客是中国人,大多数这类中餐馆食物的味道,几乎没有讨好美国人口味的迹象,都是比较正常的中国菜的味道：没有加奶酪，也没有过分甜或酸。这样的中餐厅，对于美国人同样有着一定的吸引力，许多时候，在这样的中餐馆用餐的美国顾客和亚洲顾客数量能够对半开。在一些餐馆，点了餐的美国顾客，还会透过玻璃饶有兴趣地观赏厨师拉面的过程。

在美国，寿司某种意义上似乎也成了中餐馆的一个分支。

美国有不少的寿司店，你会发现其中不少的店，从店员的长相，到墙上挂着的山水画，到装饰的风格，到店里播放的中国抒情歌曲，都不像一家日本人开的寿司店。实际上，这些寿司店正是中国人开的。不知是不是因为知道他们不是日本人后产生的心理作用，我总觉得他们做的寿司不够正宗。

中国人开的寿司店，取的名字总是有些直白：也许是担心别人认不出他们开的是寿司店，他们的店名总是带有寿司（Sushi），而我在纽约去过的日本人开的日料店，他们却总是取一些一看就知道是日文翻译而来的英文名。

我在圣路易斯去过四家寿司店，三家都是地地道道的中国人开的，另外一家由于开在大学城旁边，规模比较大，雇员既有亚裔也有白人，又因店主总是不露面，所以我不知道店主的确切身份（尽管我怀疑是东南亚人或是美国人）。这几家寿司店既提供美国口味的诸如牛油果卷或者带着奶油的寿司，也有味道正宗的日式拉面。寿司店的一角，几个肤色有些像越南人、不苟言笑的表情又有些像日本人的厨师,像流水线上的员工一样,在高峰期毫不停歇地为顾客制作寿司。

　　美国是个兼容并蓄的国家,在美国,你可以吃到世界上任何一种食物,墨西哥菜、法国菜、意大利菜、中国菜、越南菜、日本菜……总体来说,中餐在美国谈不上欣欣向荣,却也绝不是无人问津。几年来,我以一周两三次吃中餐的频率,来安慰自己的中国胃和中国心。

炸鸡的多重含义

炸鸡对年轻的留学生来说有着多重含义:小时候,炸鸡是他们想要却不能常吃到的食物;中学时,炸鸡是朋友聚会时最为方便又不失美味的食物;后来,炸鸡是他们在美国最方便得到却最可能吃到反胃的食物。这种食物如此具有标志性,甚至成了美国食物的形象代言,令不少没出过国的人认为,在美国要么吃炸鸡,要么吃夹着炸鸡与生菜的汉堡,别的就没有什么可吃的了。

炸鸡是美国最为稀松平常的日常食物中的一种:在餐馆能买到新鲜出炉的炸鸡,在超市能买到速冻的炸鸡和鸡排。另外,炸鸡在美国也常与黑人联系起来。"黑人爱吃炸鸡"是对黑人有偏见的标志之一,做炸鸡出名的肯德基曾经在澳大利亚电视上投放了一则广告:白人球迷在一群黑人球迷中间,因为他们的吵闹喧哗声不胜其烦,于是他一边对镜头说:"陷入问题时要去想办法解决。"一边拿出一桶肯德基,让周围的黑人一人拿了一块鸡块,之后黑人球迷就安静了。这则广告因为涉嫌种族歧视遭到抗议,商家将其撤下并且向黑人致歉。

在我看来,这种奇怪的偏见就像国内"南方人口味轻、北方人口味重"一样,饮食只是种习惯。哪怕在中国,喜欢吃炸鸡的人也不少,港台媒体喜欢用"当红炸仔鸡"比喻正走红的人,炸仔鸡是中国广东、香港和澳门地区酒楼常见的脆皮炸鸡,皮薄香脆。在韩国,炸鸡也受到欢迎,一部热播韩剧《来自星星的你》,引发了韩国民众对炸鸡啤酒的狂热追捧。

即使炸鸡受到大众的欢迎,也并没有为它带来与其地位相称的赞誉:在国内,炸鸡被不少饮食专家批为高脂肪高热量的"垃圾食品";在国外,炸鸡同样被指责为导致美国人肥胖问题的凶手之一。在中西餐饮店里,"做鸡"都不是一件容易的事,哪怕是比炸鸡清淡得多的中餐馆的左宗棠鸡或者橘子鸡,也被不少营养机构指责为过分油腻以及放入了过多的糖与盐。

可是这些批评从来不能阻止大多数人吃炸鸡,每个人都觉得肥胖离他们很远,除此之外,他们也愿意享受方便的午餐,就像不少年轻人喜欢烧烤或者麻辣烫一样,明知道高油脂高盐分对身体无益却义无反顾地光顾。

即使这是一个强调健康饮食,有机食品大行其道的时代,炸鸡行业的市场占有率在一定程度衰减后仍然保持着可观的比例:大多数美国连锁餐馆的菜单上都有炸鸡,而那些专业做炸鸡的餐馆如 Popeyes，Church's Chicken 也仍然受到欢迎。原因很简单，因为炸鸡自身作为快餐有着自己独特的优势：它不像比萨一样有着一股浓烈的奶酪味，也不会像中餐一样担心吃完后有酱汁溅到衣服上，更不需要担心炸鸡会像汉堡一样在车上颠簸几次后，就"骨肉分离"。当然还有炸鸡普遍亲民的价格和足够的热量也特别吸引人。

炸鸡、鸡柳、鸡块、鸡排，无论哪种都是用油炸的方式烹饪的，使人不得不感叹美国人在烹饪上似乎有些缺乏创新力。而快餐店里鸡肉的主流做法只有非黑即白的油炸和水煮，除去这两种方法，几乎找不到其他的鸡肉烹饪方法。所谓的水煮，多半出现在鸡肉沙拉中：白色的鸡肉，就着白色的沙拉酱和翠绿色的生菜还有白色的水煮蛋片一起，放在一个透明的餐盒里在超市售卖。而有些鸡肉沙拉还会注明使用有机蔬菜以强调其健康与环保。可是尝过几次鸡肉沙拉后，我越发觉得炸鸡的流行还是有道理的：和炸鸡的香脆比起来，味道清淡的沙拉对我来说简直味同嚼蜡。

在国内，稍微像样一点的饭店都有鸡肉卖，除了鸡块还有美味的鸡汤，可是国外的中餐店，供应的多半是普通的糖醋风味的鸡肉和西蓝花炒鸡块，难以见到用砂锅炖出来的热乎乎的全鸡，更别想喝到一口热乎乎的鲜美无比的土鸡汤。没吃到与家乡口味一样的炖鸡未免有些遗憾，不过我也能理解，毕竟快餐就是为效率服务的，而不是为舌尖服务的。

与国内的肯德基相比,美国的肯德基显得简单多了:美国的肯德基没有老北京鸡肉卷,除了经典的吮指原味鸡和土豆泥外,汉堡只有最基本的几种。与国内花样繁多的汉堡与米饭相比,它只是在沙拉上大做文章,有多种不同搭配与口味的沙拉。肯德基在国内外有着不同的市场定位,在美国它只是一家普通的连锁炸鸡店而已,它的直接竞争对手不是麦当劳,而是其他炸鸡餐厅。

不少已经移居美国十多年且生活方式与工作习惯已经西化的人,大多还保留着一个中国的胃,更别说在美国只待几年的我们。每天,我们只能一边在学校食堂吃着那些千篇一律、不算难吃却吃得有些腻味的西餐,一边做着中国梦,心想着要是餐厅一角能够承包给中国厨师就好了。

我们不是"假洋鬼子"

出国留学的不少人回国后从内到外都有些"西化",他们中有些人的穿着变得有些奇异,想法似乎也更加"开放",甚至和朋友说话,有时都会夹杂几个英文单词。有些人看不惯他们,在心里带着鄙夷的态度,觉得他们说话的"洋腔"只是装模作样与炫耀,甚至暗地里用鲁迅的话来讥讽他们是"假洋鬼子"。

可是这不是发生在留学生身上的个例,中英夹杂使用不是留学生带起的风潮。诸如 Wi-Fi 等单词早已渗入日常生活中,只是因为使用太过自然而大多数人都没有发现而已。人们也不会为了使文字看起来更加正式,而把这些单词一本正经地写成如"无线网络"等中文全称,更不用说网络上的一些流行词都与英语有关。前几年百度贴吧流行"卢瑟",就是英文单词 loser 的音译,表示一个人是个失败者。近年在微博常被用到的形容一个人或一件事的词语"low"也是英语渗透的结果,用于表示一个人档次低、品位差或者行为卑劣。由于美剧和电影的日渐流行,有些人甚至连粗话都开始用英文了。美式脏话通常都是冲着本人去的,不会连累到他的家人和祖宗。

不同于骂人时泼妇像顺口溜一样说出对方听不懂的家乡方言会觉得自己在这场吵架中占了上风,日常生活中与人交流时的说粗口,不仅仅是说给自己听用来泄愤的,更是向他人表达自己的愤怒或者不满的态度与感情,并且借此寻求一种态度上的认同。在表达作业繁重时加一个"fucking",比用很多词语都能够强调作业之多与自己的烦躁。

而留学生在说中文时夹杂着英文,却不仅仅是"为了表意简洁"或者为了赶时髦。中文里夹杂英文大多是因为满足以下条件:说话方都假设对方有足够的英语水平,能够听得懂一句话里的英文单词,而且在此时说英文单词的表达效率高于说中文单词。大家都不会在和外国人说英文时夹杂中文,原因很简单:因为他们听不懂中文。

除此之外,留学生在中文里夹杂英文,据我观察多半分为以下几类:第一种是习惯性地说出英语单词;第二种则是在谈及一些词语时找不到好的中文词汇替代或者用英语表意效率更高;第三种则是为了说英文而说英文。

刚来美国的中国留学生,在说英语时大都显得有些力不从心。而那些在国内说习惯了的中文也常常难以改掉:"那个""什么""我"之类的常用字词,总是会有人下意识地对一个美国人说出来。同理,在美国待久了的他们,也很有可能因为耳濡目染,习惯了当地的语言。从粗话到一些感叹词,都由中文变成了英文,一些互相开玩笑时说的带有戏谑性质的话或是一些不太文雅的词,也都由中文变成了英文。留学生之间这样交谈,并不会有人觉得不自然,更不会被人认为是"假洋鬼子"。

至于第二种,可能是最为正常却也最为无奈的事了。并不是每一个英文单词都有一个中文单词与之对应,而且并不是每个对应的单词对话双方都能够知道。有些单词在英文语境下有着自己独特的意思,翻译为中文多少有些失真,或者由于用中文解释特别麻烦,而为了追求沟通的效率,就直接使用英语单词了。

如在美国很受欢迎的饮料 Dr. Pepper、美国的一些快餐品牌比如 Popeyes,留学生本来就是通过英文知道它们的名字的,平时谈及它们也是用英文,加上有些品牌并没有进入中国市场,用中文去表达本身就是一件非常困难的事,用英文表达是最为自然的,所以这个时候,夹杂些英语单词也是顺理成章的事。

不过更多的,则是从课堂上学来的一些专业术语:一开始学习一些新的词语时,还是下意识地想要知道那个单词的中文意思。可是随着学习的深入,单词也越来越复杂,解释也变得晦涩,往往想找出相对应的中文解释却无能为力,这时他们就会自然地放弃中文,纯粹用英文去理解它们。而这就导致他们谈及某个学术问题时,想到的概念是英文的,表达的也只是英文,如果非用中文表达,必须用大量的语言解释。

sex 和 gender 在中文中没有做出严格而通俗的区分,这也导致了谈及性别认同问题时用中文解释需要绕一个小弯子,称 gender 为"心理上认同的性别"。我所学专业的不少术语我至今不知如何用中文准确表示。

如果说第一种现象属于"不由自主",第二种属于"词穷",第三种则纯粹是在卖弄。

在我们因为生活在美国导致各个方面不得不被美国化的同时,也有些人主动选择了将自己的语言美国化:他们在说话时,总是过分多地使用英文单词,让人觉得似乎他们是在英语里夹杂中文单词。说到纽约,非要用 New York;去洗手间非要说 use restroom;但凡涉及国外品牌绝对不会用中文,哪怕该品牌有一个优雅而接地气的中文名。在他们的语言中,使用英语不是为了交流的方便,而是成了炫耀自己卓越的英语水平的手段。曾有一次我与人提及自己在耐克鞋店买了双鞋子后,她却带有一丝鄙夷地重复道:啊,你说的是"Nike"吗?似乎用"Nike"比用耐克,层次会提高不少。

中文中夹杂个别英语单词,并不是独有现象。不只汉语如此,英语也总是借鉴其他语言,只是有时不会像中文夹杂英文一样突兀。作为当今世界传播最广的语言之一,英语中有不少现代人常用的单词如 cliché cliché 都是引用自法语，一字未动，连发音也没有改变。

在世界被称为地球村的今天，一味强调汉语纯洁性的人，却不知道"政治""引渡""见习"等词汇都是在 19 世纪至 20 世纪初引自日本。而哪怕在不少人认为汉语普通话高度完善健全的 21 世纪，诸如"熟女""过劳死"等国人日常使用的词语仍然是舶来品。一种语言不断地吸收新的词汇，反而是一种语言充满活力的标志。

商场购物也有门道

到美国后，想赚钱却不能或不愿在美国打工的人都会开始自己的"曲线救国"计划：少数门路通达又不嫌麻烦的人做代购挣外快；另外一些人，虽然没有做代购，但他们有阿Q精神——在美国买了电子产品或衣服后，安慰自己这些东西比中国要便宜，相当于省下了钱。这么一比较，心理上就得到了满足，感觉自己挣了差额的钱。

我虽然不爱逛商场，不到非买不可时不去，但不管出于什么原因，在美国，购物总是必不可少的。零碎的东西和书籍可以通过亚马逊网购，可是衣服我却从来不愿网购。美国的M码，我穿起来不是下摆太长就是肩宽不合适，美国的衣服似乎不那么适合中国人身材，所以我只能到实体店试穿后购买。

有一次我在商场看好衣服排队付钱时，旁边的售货员看了一眼我拿的外套，好心地过来告诉我，如果我在两周后购买这件衣服的话,可以打五折。我以为是两周后有了新款所以旧款打折,售货员说不是的,两周后就是"黑色星期五",折扣力度不小,可以到那时买。"黑色星期五"是血拼一族的狂欢日。美国的感恩节在十一月的第四个星期四,它之后一天,也就是十一月的第四个星期五,美国的商场都会推出大量的打折和优惠活动,这已经成为传统。为了抢到便宜货,很多人在星期四晚上或凌晨就开始在商场门口排队,星期五一到,商场门一开,那抢购的场面蔚为壮观。可见,不管东方西方,喜欢便宜货是人类的共性。

我在道谢后,还是买下了这件衣服。"黑色星期五"折扣力度虽然大,不过我没有什么兴趣。我不喜欢凑热闹,原本大家和和气气买东西的商场因为折扣成为拥挤的战场,我也不觉得自己有足够好的运气能够穿过血拼的人群杀出一条血路,在极短的时间里,抢到自己喜欢又合身的衣服。我这个人,目光不够远大,没有未雨绸缪的习惯去买反季节的折扣衣服备着,我总是想到了才去买。更重要的是,理性得有些悲观的我从不参加任何意义上的赌博,甚至连超市免费的抽奖活动都不会参与,因为我觉得我只能成为中奖概率中的分母。"黑色星期五"一到,那些会持家的、想省钱的、做代购的,都会蜂拥进商场抢购便宜货,不早做功课,好东西一下子就会被抢光。我总觉得天上掉馅饼的事不会落到我身上。尽管我身边有人为自己在"黑色星期五"半价买了一台配置很高的电脑而骄傲,常有意无意地和我提起战果,或是展示自己穿在身上半价买来的漂亮的大风衣,骄傲地说"只花了七百多刀",我一边赞扬他勤俭持家,一边想着一件风衣打折后还要七百多刀,对学生而言,这价格还是太高了,再打五折我才会考虑买。

"黑色星期五"一年只有一次,可是诸如奥特莱斯这样的商场,折扣是每天都有的。

无论是场地规模的"大"还是销售品牌的"全",都不是奥特莱斯闻名中外的最大原因,它真正具有竞争力的是价格。像自由女神像一样,奥特莱斯是不少来美游客的"必游景点",我的一位朋友在她七天的美国行程中,甚至特地抽出一整天在洛杉矶的奥特莱斯购物。那些三折到七折不等的折扣本身,就足以让不少在美国只待一周的游客觉得捡了大便宜而忘了思考"是否需要这些东西"等问题了。

奥特莱斯之所以便宜,是因为奥特莱斯的衣服和名包中,有不少是过季产品甚至瑕疵品,材质与专卖店卖的也有所不同。有一些所谓的"奥特莱斯专供",就是冲着那些想花小钱买名牌的人去的,那些打着名牌 logo 的设计品跟真正的大牌正品还是有区别的。可是比专卖店里便宜得如此多的价格,让很多"名牌控"把持不住自己:他们不在乎潮流,觉得瑕疵只要不是太明显就可以忽略不计,他们的心态甚至会从"买到就是赚到"变为"不买就是吃亏"。

我唯一一次去奥特莱斯是在纽约,折扣是我去奥特莱斯的动力,服务却是我此后不去奥特莱斯的理由。说实话,那一次奥特莱斯之行我感受到的服务并不算差,工作人员并没有以恶劣的态度示人,相反他们极高的工作热情与专业性让我非常佩服,只不过我觉得它提供的其他服务与它的规模有些不相称。

在那里,我没有看到导购员,工作人员们奔波于衣架之间整理被顾客穿过的衣物,把它们放回原位,拉好拉链,扣好纽扣,少有空闲客气地问"你需要什么帮助吗"。看着他们忙碌的样子,我都不好意思打断他们的工作,问句"这件衣服是不是太大了"。

边上是说着不同语言的顾客,这些顾客都是来美国旅游时顺道来购物的,尽管店里并不拥挤,但是就为了试一下大小都要在镜子前排队,让我觉得有些不合理。试衣间算不上少,有十二个房间,可是每个楼层只有一个试衣间,因为顾客太多了,进试衣间要排长队等待。

在这样的状态下,平时购物时的轻松心情荡然无存,我只是随便挑了几件衣服就逃出了奥特莱斯。

梅西百货公司是我最常去的商场,尽管规模没有奥特莱斯大,产品也不一定有奥特莱斯全,但是梅西采用品牌入驻的方式让我对其品质更加放心。

梅西采用会员制度,但是需要社保号注册导致还没有工作的我一直都没有机会享受会员的折扣。还好店里的一些品牌会不定期举行一些优惠活动,如果对品牌不那么挑剔的话,总是能够找到一些价格合理又还算喜欢的衣服。

梅西作为不以高额折扣作为竞争力的商场,也只有通过服务等方面提升竞争力了。

尽管梅西百货有着健全完善的服务,它里面的店铺和大多数店一样也会"耍花招":不少衣服的价格是税前价,不同数值的消费税(通常在百分之十左右)都是在结账时才会加上的。如果说美国的苹果网上商店把手机电脑的价格标为售前价还算情有可原,毕竟美国不同州有着不同的税率,可是在一家商场的衣服有些价格是税前价有些价格是税后价则有些欠妥。大概是因为税前价格让消费者觉得便宜更容易产生购买欲的缘故。一些餐厅和玩具店的标价也是如此,这使得一些包含了税费的商品还要特地注明 tax inclueded。我除了在看价格标签时多一个心眼外别无他法,十几美元的快餐或是几十美元的衣服也许无所谓,而上百美元的西装和大衣,却会因为这百分之十的税费让作为学生的我退避三舍。

值得庆幸的是,从理发店到餐馆再到打出租车都要付小费的美国,在提供优秀服务的商场是不用付导购员小费的。商场的导购有时会像餐馆的服务员一样带着同样友好的微笑说着同样的话:"需要帮助吗?""如果需要帮助的话请告诉我"。他们不会缠着顾客喋喋不休地说这说那,推荐这推荐那,只会根据顾客的问题做出简单的回答,这是我喜欢百货公司的一个主要原因。

瞎侃美国

美国留学麻辣烫

在美国不能说"那个"

一位华人朋友曾对我说过,在美国,你用中文谈话,如果旁边有黑人,谈话时千万要注意避免用"那个"一词。原因很简单,"那个"一词的发音与敏感词汇"nigger"(黑鬼)非常像。

由于不希望有无心之失引起不必要的误会,我总提醒自己不要犯忌。当我和美国朋友以及华人朋友在一起的时候,我尽量避免说中文而说英文,这样就不会说出中文的"那个"一词了。另外,我也觉得,如果一个人说话时总是把"那个那个"挂在嘴边当做口头禅,要么是口头表达能力差,要么就是习惯了打官腔。

尽管如此小心,我也不能保证中文的"那个"一词就一定不会从我嘴巴里漏出来。就说那一次吧,我和一位华人校友同坐校车回学校公寓,我与他在车上聊得热火朝天,我谈到自己某一门课的一位老师,他布置的作业题目都有些莫名其妙,而我自认为写得不错的几篇作文,分数并不高,而几篇写得很违心的作文,却分数挺高。也不知道为什么,英文文学专业毕业的他,却丝毫不欣赏我在文章里对尼采的几段话的引用。

可是我的抱怨还没完,同伴就在一边用肘部轻轻撞我手臂,一边摇着头示意我闭嘴。我一头雾水,不知道他到底想干嘛。我既没有讨论所谓的敏感话题,也没有批评他的熟人。在几秒钟的沉默后,他轻声告诉我,我刚才说了敏感词汇"那个"。

我不记得我什么时候不经意间说了"那个",如果真的说了的话,这足以说明这个词语的使用在话语中是那么自然,以至于我自己浑然不觉。车上坐满了下课回公寓的学生,有黑人也有白人,还有些华人留学生夹杂其中,如果真有黑人听到了"那个",以为我在骂他们"黑鬼",恐怕会很糟糕吧,搞不好还以为我有种族歧视。下车与同伴分别以后,我琢磨着为什么当时他不直接开口让我不要说话。后来一想,也许是因为他发现当他对我说出"你不要说那个词"的时候,自己已经说了"那个"一词。

另外一次,在校车上,我体验了一次我那位朋友的心情。当时我与一位朋友在谈到侮辱特定种族的粗话文化时,谈到美国人说的 China man,这个词本来直译应为中国人,可是却译作"中国佬",是个有冒犯性质的用语;Jap 作为 Japanese(日本人)的简称,是有冒犯意味的"日本佬"的意思;而 Jew 作为 Jewish(犹太人的简称),却不具有任何冒犯之意,甚至是一个合法而得体的简称。也许是震惊于我天马行空的联想能力,也许是觉得我的这个话题比较新颖,朋友饶有兴致地说道:骂黑人的词儿貌似只有一个"nigger"吧。

当他无心说出那个词时,那一刻我才知道"空气在那一瞬间凝固了"这句话并不只是一种修辞。

我轻声说道,别说那个词。同时谨慎地看着车子的前方,确认是否有黑人同学听到了我朋友的那句话。幸好,路上车子的引擎声、其他学生的交谈声、车子广播上播放着的泰勒·斯威夫特的《Shake It Off》的音乐声夹杂在一起,似乎没有别的乘客注意到我那位朋友的疏失。可是,接下来的几分钟,我俩都在沉默中度过,不愿意再说话。我和他似乎都隐隐为刚才那件事感到后怕,担心言多必失,惹来不必要的麻烦。

尽管"nigger"这一单词被认为对黑人极具冒犯之意,可是黑人自己之间却不大避讳。在不少电影里,黑人之间互相问候时总是说着"what's up nigger",有时候在表示与另外一位黑人关系亲密时也会说"he's my nigger"。这个现象大概类似于一个人会自嘲自己笨,然而却因为别人说他笨而勃然大怒一样。

对于"nigger"一词的禁忌,我很想当面向黑人讨教,可惜我没有一位黑人朋友关系亲密到能够让我问这样的问题。不过,身边倒有一位美籍华人,他和黑人的关系非常好,当他试图强调他们之间的友谊是多么深厚时,这位仁兄便当着黑人的面,称呼他的黑人哥们是"黑鬼"。他的黑人哥们只是咧着厚嘴唇笑,并不以为是冒犯。

虽然如此，但我仍然认为，尽可能还是不要在黑人面前提及"nigger"。理由很简单，当我们与一个民族或个体进行平等交流时，无论关系如何，都应当对对方的语言及文化习惯怀有发自内心的尊重，而不是为了检验所谓的"交情"去使用那些有可能引起对方不适的言语。

并非奇葩，只是习惯不同

一直以来我被认为挑食，因为我自小不吃内脏、皮蛋、鸡爪、咸菜、臭豆腐之类的食物。另外，我一直反对节日燃放爆竹，觉得既扰民又污染环境，同样，我对烧香拜佛也不感兴趣。尽管不少年轻人和我有一样的想法，但在国内我们永远是少数派，是"另类"。

也许是受英美文学影视作品的耳濡目染，我自小是一个比较能接受西方文化的人。即使后来到了美国，我也从未受到所谓的文化冲击（culture shock）。我觉得文化冲击，大多数情况下，只是人们对其他国家文化缺乏了解所导致。在我出发去美国读书的前几天，我的一个在该校读书的老乡兼校友好心问我，要不要接机，我谢绝了她的好意，觉得没必要为这点小事麻烦别人。下飞机后，我自己在出租车区上车，报出预订的学校公寓名字，下车也不曾忘记付小费。这一切都不是什么困难的事，只要预先有准备。如果一个人总是抱怨不习惯美国的习俗,那么多半要怪他自己:要么是他没有在出国前做足功课,打好预防针,要么就是他习惯了在国内的"衣来张口,饭来伸手"。

通过新闻媒体、电影电视、文学作品等各种渠道,我们对美国人的生活习惯早已有了充分的了解,即使不能认同,也丝毫不会大惊小怪。而不少美国人却带着一股对自己民族与文化强烈的自豪感,对自己国家之外的一切缺乏深入了解的兴趣,所以他们想象中的中国,跟现实中的中国完全不是同一个国度。当一些美国的同学跟我谈论起中国时,我发现他们脑海中的中国与不少他们国家媒体报道的口径完全一致:觉得北京、上海以外的城市都是贫民区;血汗工厂的工人像奴隶一样为西方国家输出产品;那些出口的含铅家具与盗版玩具正在毒害他们的孩子与家人。

网上有一篇有意思的文章,叫《老外辨别中国人的 88 种方法》,他们通过这个方法,轻而易举地辨别出中国人。这些方法中,包括:别人为你倒茶你就用手敲一下桌子;你从来没用过你的洗碗机,把洗碗机当碗橱;你有一个热水瓶,里面永远装着热水;你会在餐桌上剔牙,但手遮着嘴;你的遥控器外面包着塑料纸;你从来没有拥抱过父母……

网上还有一篇热帖,叫《美国人眼中在美华人十大奇葩习惯》,列举了老外觉得匪夷所思的中国人的一些习惯,帖子是这样的——

第一名：进屋要脱鞋。

这个习惯以 89％ 的投票率当选中国人奇葩习惯第一名，看来美国人对于中国人"进屋要脱鞋"感到无法理解。事实上，美国针对华人的入屋盗窃一偷一个准，小偷们就是根据房子门前有鞋柜或者一堆鞋子来确定"这肯定是华人的房子"。而华人的房子里面大多有很多现金和珠宝，对于小偷来说，无疑是打开了宝库。美国学生说，他们进屋不脱鞋的原因有以下几条。第一，他们没有"换拖鞋"的概念。第二，美国人去很近的地方都开车，从车上下来就已经是房子的车库里面了，跟从客厅到饭厅没两样，你从客厅走到饭厅要换鞋么？第三，脱了鞋进屋有脚臭，不卫生，也不礼貌。第四，美国只要不是坏天气，环境都比较清洁，不脱鞋换鞋，甚至穿着鞋上床都可以，并不感到脏。第五，不脱鞋安全，假如地板有碎玻璃什么的，不会踩到脚底。

第二名：刷牙用漱口杯。

到中国进行文化交流的美国学生最大的发现是中国人漱口刷牙竟然要用漱口杯。回美国以后，向华人学生一询问才知道，敢情所有华人漱口刷牙都是要用漱口杯的！美国人直接用嘴巴到水龙头那里接水刷牙漱口，导致刷牙洗脸时水龙头的水根本就没停过。美国的公益广告号召大家要节约用水,其中一个电视广告就是号召大家缩短洗脸刷牙的时间一分钟。可是,竟然没有任何的广告教育大家:刷牙用个漱口杯,可以节约好多水!

第三名:早上不洗澡,晚上也不洗澡,只洗脚。

这条与上一条其实属于同一类,以85%的选择率并列。美国学生发现中国人竟然早上不淋浴也不洗头。而有的中国人竟然连晚上也不洗澡,只洗脚,他们对此感到不可思议。美国人无法忍受早上出门头发乱糟糟的,早上醒来,洗一个澡,再洗头,这样神清气爽,而头发也可以打理得非常好。

第四名:饭桌垫报纸;炉头贴锡纸;烤箱当成储存柜。

华人在美国家庭时,大部分会在吃饭时用报纸垫桌,吃完了不用擦桌子。炉头上贴锡纸是因为中式炒锅油烟四溅,也是为了清洁方便。而烤箱变成储存柜是因为中式的烹饪很少有使用烤和焗的,既然不怎么用烤箱,自然就变成储物柜了。

第五名:洗衣不用干衣机;洗碗不用洗碗机。

在美国的很多华人非常勤俭节约,尤其是老年华侨,根本就没有"投资移民"的概念,而来到美国投亲的移民多半非常穷，所以，能省就省。干衣机要用很多电；洗碗机传说中用水比较多，而且，在中国很多人也没有使用洗碗机的习惯，于是，好多华人一直保持了晾衣服和用手洗碗的习惯。

第六名：女人和小孩很多时候不可以喝冰水。

美国人任何时候都喝冰水，无论天热还是天冷。可是，他们发现，中国的大人经常不让小孩喝冰水，原因是怕"闹肚子"。另外，更奇葩的是女人生理期、生完孩子后的"坐月子"期，竟然也不许喝冰水，而且还找不到任何科学根据，实在太奇葩了。美国女生生理期游泳的都大把，更不用说刚生完孩子就马上喝一大杯冰水补充水分了。他们说：假如喝冰水有害，美国人不早就死光了吗？

第七名：奇葩的"着凉"。

英文里面说"得了感冒"叫"catch cold"。但是，美国人早就知道感冒是病毒引起的疾病，不是"抓到凉"造成的。反而中国人认为感冒是"着凉"，因此，中国的大人喜欢给小孩穿很多衣服，捂得严严实实的；而美国小孩即使是冬天都露胳膊露腿，穿短袖衣服和短裙上学，没有会"着凉"的恐慌。另外，美国小孩发烧了，父母或医生会扒光孩子的衣服，甚至在孩子身上涂酒精，加快散热。可是中国父母会给孩子穿更多的衣服,防止进一步"着凉"。

第八名:吃有骨头的鱼、鸟类的爪子(蹼)、鱼头和鸡头。

美国人吃鱼不能有半根鱼骨,否则铁定出事,因此,看到中国人可以吃有骨头的鱼,而且还能吐出骨头,感到不可思议。同样,有骨头的食物,像鸡爪、鱼头和鸡头之类,也是美国人敬而远之的奇葩食品。

第九名:有钱还是穷?

美国人搞不清楚在美国的好多中国人究竟是有钱还是穷:比如,一位开宝马X5的中国人,算有钱了吧?可是竟然看见他开着宝马去领政府发给穷人的救济食品。在唐人街,也经常看到拿着政府救济低收入贫民的粮食券卡买龙虾、鲍鱼吃的中国人。另外,美国学生还看到过吃着泡面,住着最差的旅馆,参加低价旅行团的中国人,却大手笔买好多名贵的包包、手表等情景。还有不愿意出钱订有线电视,宁愿翻墙上网看国内网站播放的美剧,使用国内盗版软件的年收入二十多万美金的华人电脑工程师,也是让美国学生们感到无法理解的奇葩。

第十名:明知故问。

作为也会说中文的美国学生，对于中文"明知故问"的特色非常奇怪，因此，决定将其评为第十样奇葩的事情。明明看见你在市场买菜，见面的时候偏要问："买菜呢？"（更奇葩的是在菜市场分手的时候不是说再见，而是说"多买点哈"，买多买少你管得着么？）明明看见你回家，还要问："回家啦？"明明看见你从厕所走出来，问得更奇葩了："哎哟大卫，吃了没？"中国人干吗要明知故问呢？

可是，这些由于只是生活习惯和文化有差异而已，在中国人眼里，这是最正常不过的事，有啥可奇的。美国人看不惯中国人的这些生活习惯，其实，在华人眼里，美国人的某些做派也是蛮"奇葩"的，比如穿着鞋子就上床、大热天穿着雪地靴、冬天照样穿短袖、外裤穿得比内裤低……在饮食上，美国人不吃鸡胗鸭胗、鸡爪鸭爪，不吃动物内脏，觉得动物的内脏很恶心，可是他们吃起鹅肝比谁都欢，鹅肝难道不是内脏吗？美国人不吃鱼头，他们吃鱼要把骨头都剔光，一丁点鱼刺也不能有，否则就不知道怎么下嘴。任何没有剔除鱼刺的鱼类，都不在他们的食谱之内。他们不但不吃鱼头，什么鸭头、鸡头、兔头、猪头、牛头之类，也统统不吃，至于中国人爱吃的猪尾巴、猪舌头之类，他们碰也不会碰。他们更不理解，为什么中国人对鸟的口水（燕窝）这么感兴趣？为什么喜欢用很老的蛋配粥(皮蛋瘦肉粥)？打蛋为什么不用打蛋器,而用两根筷子？

我小时候看美国片,觉得美国人怎么那么馋,吃完了东西,十个手指都要舔一遍。美国人吃饭不许吧唧着嘴,吃面条不能有吸溜吸溜的声音,他们视之为教养的一部分,不过男男女女老老少少舔手指,没人把它跟教养、吃相、不讲卫生联系在一起。小时候我妈带我到儿童乐园玩,吃完了冰淇淋,我也学着电影中的美国人那样舔手指,我妈气急败坏地说:"吃相太难看,不许这样!"她还大声吓唬我道:"手上有细菌,舔手指要拉肚子的!"

与大多数华人习惯晚上洗澡不同,美国人多半喜欢早上洗澡。他们总是会提早起床,九点的活动七点半就会起来,哪怕宾馆距离该去的地方只有十分钟。

提早半小时起床是为了洗漱与早餐还是可以理解的,可是提早那么久对我而言未免有些奇怪。与美国同学一起出远门,大清早他们就起床了,无意中把睡眼惺忪的我吵醒,没清醒过来的我,呆呆地望着门口,只见我的美国同学从旅行袋里掏出大瓶小罐,一会儿往头发上抹些发胶,一会儿往腋下抹些透明液体(后来才知道是除臭剂),才突然明白美国人提早起床是必要的。华人习惯晚上洗澡,是为了放松身体,便于入睡。而美国人习惯大清早一起床就洗澡,可能只是毫无意义的习惯,也可能是需要用热水冲去晚上睡觉留下的汗与味道,他们多数从小吃肉和煎炸类的食品,热量足,体味重,内火旺,美国的男男女女,毛孔比中国人粗大得多,我有时怀疑他们这些粗大的毛孔是来泻火的。跟美国人一比,中国人显得细皮嫩肉。的确,同样年龄的美国人和中国人站在一起,中国人明显"嫩相"得多。另外,美国人毛发也旺盛,有些体毛过多的美国人,赤膊上阵时,看上去简直像穿了件天然的毛茸茸的毛皮坎肩。有些中国人觉得他们不太好看,他们却认为这是"性感",他们想不通,中国的男人为什么会没有胸毛?

尽管如此,我也不认为美国人的生活方式有什么奇怪,大多数这样的文化差异或者不同的行为习惯背后,都有深层的文化背景或者其他原因。如果未经思考就评价别人的文化习惯是"奇葩",只能暴露自己的无知。"理解万岁"是用滥了的四个字,不过,面对中西两国不同的文化习俗与生活习惯,用这四个字应该是恰如其分的。

美国不是你想象的那样子

在我出国前,有人对我说,美国的物价非常便宜,肯德基套餐只要两美元,苹果手机只要两百刀,等等。说这话的人,并没有查证过这些话的真伪,尽管查证这事只要上官网点击几下鼠标就行。比起实证,他们更愿意接受自己想象中的那个美国。而对于不少留学生来说,他们在充斥着假信息的互联网上,了解到一个半真半假的美国,然后怀揣着自己的一腔热血踏上前往美利坚的征程。

到了美国,他们会发现,互联网上的美国和现实中的美国是有一定交集的两个世界。美国并不是他们想象中的那个样子。随便举个例子,在中国,肯德基的知名度不在麦当劳之下,甚至在一些三四线城市,它的名气比麦当劳更大。但是在美国,肯德基比起麦当劳来,甚至都没有什么存在感,尽管鸡块分量大些,可是算上汇率的价格也比国内要高;iPhone 虽然比国内要便宜些,可是也只能算是打九折而已。

国内有的人总认为美国人素质都很高，个个都是谦谦君子。有人总是一厢情愿地把自己对本国国民的鄙视，化作对外国人民高素质的景仰。他们一边痛骂国人大声喧哗、乱闯红灯等陋习，一边向往着高素质的西方。我不止一次地在心灵鸡汤类的文章里，看到作者赞赏日本人、美国人的严格自律：即使是在无人的深夜街道，他们也总是在红绿灯前驻足，直到绿灯亮起。可是，这是种禁不起推敲的结论——从我大学门口那些骑着单车等红绿灯的学生，到曼哈顿第五大道西装革履惜时如金的金融人士，在美国，闯红灯也许不像在中国的某些街道那样常常发生，可是也并不少见。不仅如此，在美国一些二线城市，由于警察道路执勤率低，监控探头少，加上获取驾照的学习成本低等客观因素，超速、不打转向灯等问题绝不比国内要少。通过交通行为来证明美国人口素质，好像说服力不大。

东半球与西半球也有同样需要担忧的东西，当国人在提倡男女平等、抗议地域歧视时，美国也在担忧着种族歧视问题——这是埋藏在深处的美国社会不安定的炸弹；当我们在抱怨电信诈骗与盗窃案件发生太多时，美国正在考虑枪支合法带来的隐患。总之，家家有本难念的经。

不少留学生出国前有一种错觉，自己是国外大学中的少数华裔留学生之一，就算不是"珍稀动物"，至少应该是"宠物"，然而到了美国才会发现,从一流学府到九流社区大学,到处都有中国人的身影,人家才不会把你当成手心里的宝呢。百余年来中国的海外留学生数量日趋增加。1872年,清朝的幼童来美留学,这30人是一批睁眼看世界的中国人。"文革"过后的1978年,52个中国学子踏上美利坚合众国的土地。而现在,每年到美国的国际留学生有110万,其中,中国留学生数量占了首位,占了国际留学生总数的1/3。2016年来美的中国留学生有323186人,比上一年增加7.2个百分点,在不少大学的商科专业课中,华人学生甚至能占据整个课堂人数的1/3。

留学生多,中式餐馆也多,哪怕在距学校二十几公里以外的偏僻小镇,也会有几家中国餐馆。我所在的圣路易斯,就有大大小小的近百家中餐馆。门外的中文店标及闪烁的霓虹灯标记与旁边的店面设计格格不入,似乎在强调着自己纯正的中国血统。操着一口亲切却陌生的外地口音的黄皮肤服务员,为留学生们端上一份份味道有些熟悉却又与国内口味有差异的中国菜。

这种落差对不少留学生来说有些大:他们原本只是想体验美国的文化与生活,然而体会到的更多的是来自中国各地的口音与文化。他们英语还没听懂,就听懂了上海话、广东话,他们在感叹中国人多的同时,不禁感叹我国人民自强不息的奋斗能力,俨然已经将美国变成了中国文化传播的新沃土。留学生在经历了语言沟通困难以及文化差异等问题后,反而开始庆幸自己班级的华人能有那么多。在美国他们会发现,在生活上与学习上,最方便沟通的还是华人,留学生们逐渐开辟出了中国特色的美国课堂,在美国教授授课后,也与其他华人一起写作业与研讨问题。不少留学生在出国前,总是想着自己会很快融入美国人的圈子,可是到了美国才发现,要想进入外国人的生活圈子真不是件容易的事。在再三努力后,仍然无法深度融入美国学生的交际圈,留学生原本那种与美国人打成一片的想法也渐渐淡去,除了个别几个美国朋友,大多数朋友还是华人,与在中国时无异。

很多留学生出国前把他们从美国大片里看到的场景当成真实的美国,以为美国就该这样热闹繁华、歌舞升平:夜晚与黑暗的天空融为一体的摩天大楼,街道两旁不断闪烁的液晶屏广告,络绎不绝的行人走在第五大道两旁;或是晴朗的天空下,朝两旁望去,深蓝色的海上飞过几只海鸥……纽约和旧金山两座城市的确能代表大多数中国人对美国的想象,可是就算在美国,这两座城市也是特例。

即使是美国这个不少人趋之若鹜的国家,人们对它的了解同样极其有限。不少人除了纽约、旧金山、洛杉矶、芝加哥、夏威夷之外,对于其他的城市只限于"耳熟"而已。

我所在的密苏里州是一个并没有什么存在感的州,密苏里号战舰的知名度恐怕都比密苏里州要大。介绍密苏里州这一个缺乏特色的美国中西部州时,我除了说"这是马克·吐温以及艾略特的故乡"之外,再也找不到其他合适的词去描述它。哪怕是芝加哥这样的大城市,大多数留学生形容它时也会忽略它的人文历史,而仅仅强调一个"冷"字。

密苏里州的圣路易斯被戏称为"圣村"并不奇怪,毕竟是一个没落的城市,可是即使是多伦多这样的大城市也被本地华人叫作"多村"。不要奇怪,这就是大多数北美城市的面貌。它们与纽约、旧金山相去甚远,甚至有些荒凉。出了一片繁华的闹市区之后,是一片稀稀拉拉的小店与民宅,再过几十公里,才又是一个真正的市区。对美国大多数城市最棒的形容就是"新农村"——这些城市有高度发达的科技、合理的物价水平,但是像农村一样地广人稀。基础设施虽然齐全,可是好玩的地方那么少,又那么远。随便去一家大一些的超市都常常要开车十几分钟,去一家好些的影院看一场电影可能需要四五十分钟的车程,一切资源是如此分散。就算在城市,一到夜晚,很多商店也早早打烊了。于是,不少人开始怀念国内那种便捷而热闹的生活:出了家门,到处都是吃喝玩乐的地方,热闹非凡。或许,只有在国外生活过的人,才会真正理解"国外——好山好水好寂寞"和"国内——好吵好闹好快活"背后的含义。

三十多年前,我舅舅从浙大毕业后出国留学,那时国门刚打开,他和他的校友初到美国,高速公路、摩天大楼、各种汽车、闪烁的霓虹灯、超市里琳琅满目的食品……给他们带来强烈的视觉冲击。而这一切,丝毫不会给今天的留学生带来视觉冲击,与日新月异的中国城市相比,美国的很多城市显得"落伍",甚至有"老态龙钟"的感觉,看不到朝气蓬勃的一面,无论是城市面貌,还是美国人的穿着,都不是我们想象中的那般光鲜亮丽。至于美国人,花起钱来,也是缩手缩脚、七算八算,鲜有国内土豪那种一掷千金的派头。这是一个跟我们在电影、电视及书本中看到的不一样的美国。

从电影中得到的印象是,美国的男男女女很开放,夜生活很丰富,私生活更丰富。从新闻报道中得到的印象是,美国人好像不讲亲情,没有什么家庭观念。可是事实并非如此,美国的男女青年在婚前的确比我们"随便"些,有些在高中就有性生活,家长也不以为忤。但是美国的男男女女一旦结了婚,好像一下子收了心,都把家庭摆在首位,美国人的家庭观念很重,很少有人下班后丢下家人跟哥们胡吃海喝地应酬,一到周末,也是雷打不动地跟家人待在一起。至于亲情,美国人并不见得比中国人淡漠,相反,在我的眼里,他们更珍惜与家人在一起的时光。

在美国的留学生中,有人无比期待毕业回国,也有人坚定不移地打算移民美国。美国有其明显的优点,也有不少让人不习惯的地方。如果怀着美国即天堂的心态,到了美国,你恐怕会失望。

胖子遍地的国度

我在出国前,设想过这么一个场景:当一个美国人不怀好意地问我,你们中国人是不是都整日以猫狗乃至蜈蚣为食时,我面无表情地反问一句,你们美国人是不是都是只会吃炸鸡汉堡的死胖子?

然而,在美国的这几年,或许是出于礼节或许是缺乏兴趣,这样的问题他们从来没有问过我,而肥胖的美国人我却经常见到。美国胖并不是普通的中国胖所能够比拟的,他们的胖,胖得"霸气",胖得"威猛",中国胖子与美国胖子的区别,好像家乡的食饼筒与美式汉堡之间的差别。国内朋友之间互相戏称的胖子,和这些人的身材比起来,简直相形见绌。"他的小腿快比我大腿粗了"这句原本生动的修辞,用于形容美国胖子似乎显得有些无力,毕竟大多数美国人比亚洲人要高大健硕。美国胖子的大腿就像肉柱子,有的看上去简直跟大象腿一般粗,也许用"他的大腿比我的大腿粗一倍"才显得比较传神。

尽管美国人的肥胖问题早已是个大问题,就像不断强调的"自由"一样,成为美国具有标志性的现象。可是在充斥着俊男美女的美国电影里,那些肥胖人士由于与流行审美相悖,很少出现在荧幕上,以致很多人认为,美国是个俊男美女遍地的国家。唯一一部我看过有严重肥胖人士出现的电影,还是李安的《饮食男女》。美国的胖子那真是货真价实的胖子,有些人胖得跟一团肉球似的,还有些人胖到无法行走,要电动车载,在一些大超市,我还看到胖子们开着电动车买菜。说实话,出国之前,我从来没有见过如此肥胖的人士,就算在出国前做足功课,在美国看到那么多活生生的胖子,我还是不免暗自唏嘘一番。

引起肥胖的原因有很多,有饮食因素,也有身体原因或者是精神因素,有些疾病甚至也会间接导致肥胖。其中饮食因素导致的肥胖最多,廉价的膨化食品、当作矿泉水喝的碳酸饮料、作为正餐的汉堡薯条与比萨,以及缺乏素菜的摄入,让很多美国人的身材横向发展严重。而且,越是低收入人群越是缺乏健康卫生的饮食习惯,他们日复一日地把这些垃圾食物作为零食与正餐。整日与这些高热量食物为伍的他们,渐渐陷入一个恶性循环:无力购买健康食物或是不愿改变饮食习惯,这让他们日渐变胖,而变胖的身躯需要摄入更多的热量,导致更加不知节制地进食。与其说他们过着糜烂的生活,不如说他们过着艰辛的日子。

　　我的一个高中同学，他刻意掩饰自己的肥胖，每每谈及自己的身材，从不会像其他人一样笑着承认并加以自嘲来博女生一笑。相反，他总是喜欢用赵忠祥一般有磁性的声音，用听起来似乎科学的理论解释说自己并不胖，只是骨架大，还说运动完马上坐下骨盆会变大，而自己当时不知道，所以现在屁股大云云。很长一段时间，我都对他的话坚信不疑。然而大学时，我偶然查到相关资料，证实了他是在胡言乱语，不由回想起他总是在课间一边玩着诺基亚，一边头也不抬地从课桌抽屉拿出几片薯片塞进嘴里的样子。

　　我曾经暗自佩服他信口开河的能力，后来发现"骨架大"在美国是一个常见的借口：在美国 Comedy Center 电视频道播放的动画片《南方公园》里，每当其他人攻击男主角 Eric Cartman 时，他总是辩白："I am not fat, I am just big-noned."（我不胖，我只是骨架大。）

　　在国内，用胖子称呼人是如此自然，有时"死胖子"甚至成了昵称，"小胖""胖胖""胖哥"是朋友间亲密无间的称呼，以至于人们很难找到其他简单的词汇形容一个人的身材。"丰满"听起来如果不是用于形容珠圆玉润的女性就像是在讽刺，"体重过重"显得过于正式而不够直白，在国内，无论是用胖称呼人还是被称作胖子的人，都已经习以为常。可是在美国，人们总是用委婉的说法描述那一群体。"胖子"在他们看来，是一个有些冒犯的词，一个听起来缺乏礼貌而带些歧视的词语,因而在演说中也被替换为"overweighted people"(超重人士)。美国人将视觉信息"胖"转换成重量上的概念"超重",这种含蓄而精确的表达令我的敬佩之情油然而生,可见美国人玩文字游戏同样不输其他任何国家的"老油条"。

在生活中,常能遇到超重人士。我认识的两位超重人士,除了有超重带来的不便外,与其他人没有任何不同。其中一位是我在学校遇到的超重女士,她是位五十多岁的黑人女性,在学校咨询室工作,和蔼可亲,兢兢业业。每次我与导师预约,多半都要经过她。与其他对业务不熟悉的兼职学生不同,无论是要查看一些资料还是和导师预约以及选课,她都能很快地在电脑上做安排。只是有几次,她需要为我取一些打印机里刚打出的文件,工作速度就比她在电脑上为我安排预约时间慢得多了。打印机在门口柜台附近,咨询室所有打印文件都只能从那里取。当我需要一些文件时,她只能在自己电脑上打印后,起身走向打印机为我拿文件。她撑着椅子的把手,费劲地、缓慢地站起来,蹒跚地走向门口柜台。她实在太胖了,从大腿到肚子上的肉,随着她缓慢的脚步有规律地抖动着,令我担心她的大腿随时会因为无法承受自己身体的重量而折断。我有几次甚至想要说,您不用动,我的文件自己去拿就好,可是又担心自己的好意被理解为歧视。只好看着她费劲地用半分钟走完一般人十秒钟就能走完的路。

尽管美国人不说"胖子",只说"超重人士",但这种语言上的精准,却难以掩盖不少人内心对超重人士的不满。在这些人看来,体型正常的人不得不为超重人士的种种问题买单。在学校,教室通常有足够大的空间,不会因为肥胖人士过多而显得拥挤;在电影院,如果不是首映,通常也有足够多的座位可以容纳所有观众;可是到了一些连走路都摩肩接踵的赛场看台,情况却变得大不相同。我与朋友在堪萨斯城熙熙攘攘的一个赛场看球赛时,就目睹了一起因超重引发的尴尬事件。一个染着绿头发的美国大胖子,由于占地面积过大,一个人占了两个人的座位,害得坐他旁边的那位仁兄无地可坐,这位仁兄是厚道人士,他似乎不好意思开口让那位绿头发的大胖子站起来换一个地方坐,当然,更不可能指望他留些空间给他。无奈之下,他与工作人员交谈,工作人员只能匆匆给他找了把塑料椅,暂且当作座位用。

我的朋友见此,就对我高声表示了他的不满,说这个绿头发的死胖子很恶心。他还说,长得这么肥,占了两个人的空间,就应该买两个人的票,否则就是自私!

"我觉得胖子都是缺乏自制力的人。"一位美国朋友对我如是说,"我们纳税,到头来医疗保险钱却浪费在这些'死胖子'(fatass)身上,这对我们实在不公平。"谈不上"嫉胖如仇",这只是他日常发的牢骚而已,也许是他自己非常瘦的缘故,他看着胖子就不顺眼。正如大多数人一样,他们没有思考过除了饮食不当导致肥胖外,精神因素和疾病也会导致肥胖。因此,对肥胖问题一知半解的瘦子会产生一种优越感,觉得身为瘦子的自己比胖子高一等:我再怎么身材不好,至少没有超重,我的自制力就是比你强。我觉得,除去客观因素导致的胖瘦,凡是主观因素导致的瘦或是胖,都是自己缺乏毅力的表现。如果说肥胖人群的问题在于不自制,那么瘦子就是不自爱:不懂得坚持锻炼,不懂得坚持补充营养,瘦子笑胖子,只是五十步笑百步罢了。当瘦子嘲笑胖子胡吃海喝时,他们可能因为没胃口略过了中餐,或者吃了些零食而不愿吃晚餐。没有胃口不想进食与胃口太好无节制进食一样,都是不健康的;同样是熬夜,有些人会因为熬夜导致面黄肌瘦,有些人却因为熬夜而日渐虚胖。同样工作过于辛苦,有的人会消瘦下去,而有些人却"过劳胖"。

过胖或者过瘦,都不是什么好事。不过,在现实生活中,瘦子常会招来别人同情甚至怜爱的目光,常有人说:"都这么瘦了,你要多吃点。""工作不要太辛苦,要懂得照顾自己。""不要太苛求自己,对自己好一点。"而对胖子,人们总带点嫌弃,嘴上不说,心里总是在想,"都这么胖了,还这么能吃!""就知道吃吃吃!""好吃懒做才会这么胖!"。

入乡不得不随的一个俗

美国人在语言上过分客气,常令初来乍到的我有些受宠若惊。"Thank you so much"(非常感谢)这句话在各种地方都能听到。一开始和朋友出去吃饭,服务员端上我们点的菜,我的朋友有时就会用"非常感谢"回应,我就有些丈二和尚摸不着头脑。买单时,服务员也会说"Here is your change,thank you so much!"(这是找您的钱,非常感谢!)我甚至会有些莫名其妙:难道我给的小费多了一个零,以至于他要那么感谢我?后来渐渐明白,这只是他们的日常说话习惯而已,仅仅是礼节性的客气。仿佛在美国的日常语言中,他们的"非常感谢"和"谢谢"可能在轻重程度上是完全一样的。

另外,"I'm so proud of you"(我真为你骄傲)这句话我也常听到他们说。我不会动不动为除了自己以外的任何人骄傲,毕竟他人的成功不是我的成功。如果要用,我觉得这句话必须应用于与对话者有着亲密关系的情况下,可是不少半生不熟的同学,也会因对方的某些小成就而说出这句话,诸如小论文得了 A。这句话大概只是和"真为你高兴"一个意思。

到美国不久,我已经习惯了美国人的说话方式,对美国的文化和生活方式,我也从陌生到了解再到习惯。

不过,"了解"与"习惯"之间通常会有一条鸿沟。有时候即使你清楚地知道美国的文化习俗,却难以全部认同,以致你在努力入乡随俗的同时,会暗暗抱怨其中的不合理之处。在日常生活中,小费就是我最不喜欢的一个西方习惯,却是我入乡不得不随的一个俗。

这个原本是为了鼓励优质服务而出现的做法,已经在惯性的作用下变质。如今,无论服务质量好坏,都要付上 15%至 25%的小费。有些餐馆服务员在结账时,甚至自作主张默认加上 18%的小费,不给顾客自己选择的空间,只是怕顾客不付小费。

就这个话题,我曾经和几个美国朋友有过讨论,也和不少人有过争辩:"因为服务员提供了服务,所以我们就应该支付小费作为回报。"这是大多数为小费辩护的说辞。

可是律师、医生乃至清洁工,他们提供的也是另一种形式的服务呀。大学教授不是在也在课堂上为学生提供服务吗,是不是每堂课后也应该给教授一些小费呢?

也有学富五车的朋友用《资本论》的眼光批判这一制度:小费

制度是资本所有者,即餐馆老板把餐馆运营成本转嫁给顾客以提高剩余价值率的做法,他们只需要付给服务员少量薪水即可,顾客自会支付服务员"工资"。可是这种说法同样有失偏颇:假使餐馆老板按原价的18%提高食物价格,把提高部分收入分给服务员一部分,消费者餐馆支出额基本维持不变(除非食客是个不愿付小费或者小费付得极少的人),而对店主的利益并无太大影响。

小费系统中一个很大的问题就是,餐馆试图把餐馆的食物质量与服务员的服务质量割裂开来,尽管两者本该是统一的。当食物质量不佳,应该责问服务员,且不给他小费吗?不,他只负责安排座位、推荐菜、上菜。由于做菜效率低导致上菜速度慢,顾客的不满也可能由餐馆厨师转移到服务员身上:毕竟顾客无法改变他自己支付的食物的价格,却有着对小费的"生杀大权"。另一方面,结账显得更加麻烦,有些账单上会贴心地打印算上18%或者20%甚至25%小费后的消费总额,有时候消费额算上小费差不多是个整数,那么还算方便。然而更多情况是,大家纷纷掏出手机,打开计算器,一边看着账单上的数字,一边输入,得出一个小数点后保留两位的数字,然后用笔写在那张小票上,看看是不是跟账单上的数字一致。

大概就像国内一些年轻人,一面对国内所谓的酒场礼仪深恶痛绝,却只能弯腰赔笑地向领导敬酒一样,我的不少美国朋友也会用"stupid"(愚蠢)一词去形容这一小费系统,可是却又不得不在每次用餐后在小票上留下一定数量的小费：尽管不少美国人也讨厌小费制度，可是大家也不讨厌无辜的服务员。当我们用拒付小费对这个制度表示抗议的时候，我们必然性地伤害了服务员——餐馆向他们支付极其微薄的工资，小费才是他们主要的收入来源。

当然，在美国，也不是所有的地方都要付小费，比如在各大商场里的快餐店、大排档等地用餐，是可以不付小费的，跟餐馆比，这里的饭菜便宜多了。不过，只要到餐馆用餐，小费还是少不了的。

我们只能说着"It is what it is"（就是这个样子），肚子里带着牢骚，表面上还是客客气气地支付了小费，同时面带微笑对服务员说："感谢你的服务。"

美国人也很会"踢皮球"

第二学期的某一天,我收到学校财务部的一封电子邮件,要求我上交一份含有我信息的 IRS 或者 SSN 表单,否则有可能被处以两百美元的罚款。

看着这一封简单书写的邮件,我心中充满了疑惑。

邮件中多次出现诸如 ITIN,IRS,1098-T,W-9S 这样的简写,对这些简写一窍不通的我,看起来简直像是读战斗机型号的编号。

接到这封邮件,我思前想后,还是觉得奇怪,难道美国人对我一举一动了如指掌?这一学期我在万智牌上的状态非常好,几个月来,在美国几个城市举行的万智牌比赛中,获得了将近两千美元的奖金。我参加的 SCG 承办的比赛,赛事主办方把选手在比赛中获得的奖金通过支票寄出,两张五百美元的支票我没有主动申报纳税,毕竟有时候出远门比赛,即使获得了奖金,扣去机票和住宿费等费用就所剩无几了,因而我更加没有理由把余下的外快交给美国政府。而从其他一些大型赛事中获得的奖金在我通过PayPal(贝宝,在线支付平台)网上领取时就已经被自动扣过税了。在西雅图的大奖赛(GP)中,我获得的区区250美元的奖金被扣了75美元的税,而这有些夸张的30%的税率似乎还与我不是美国人有关。当我和同行的几个朋友抱怨时,他们用了一句在万智牌圈子非常有名的富兰克林总统的话绕开这一话题:"In this world nothing can be said to be certain, except death and taxes."(这个世界上没有什么是确定的,除了死亡与税收)。不知道是不是美国政府敏锐的嗅觉嗅到我一千多美元的奖金没有交税,才给我发了这封邮件。连一个穷留学生获得的区区一千多美元的奖金也追着人家屁股后边收税,美国政府也够精明的。

细读这封邮件的内容,我不禁联想到《一九八四》里的那句话"老大哥正看着你"。奥威尔在《一九八四》中,描写了一个人们被无处不在的电屏监视下的社会,老大哥象征着极权统治。现在是网络社会,世界就是一张网,说不定我的一举一动,"老大哥"已经全然掌握。

我想了解一下,身边的人是否收到过类似的邮件,问了几个同学,都说从来没有收到过这种邮件。而我在万智牌圈子里的美国朋友也和我一样,拿了奖金,也不会去主动交税,除非奖金已经被比赛方代扣,他们也没有收到过类似的邮件。我觉得自己陷入孤立无援的境地,因为我的身边找不到有这样几笔奖金收入却没有正式工作的留学生;也没有因为未缴奖金税而收到类似邮件的万智牌玩家。说实话,我对这封邮件的态度是相当认真的,可是我找不到人询问是否要交奖金税,或者不交的后果如何,因为身边的同学朋友没有一个遇到过这种事。我只能慢慢搜索一个个缩写单词的含义,试图找到自己的 ITIN(个人税务信息号码)或者 SSN(社保号码)并填写上交。

我第一次为这件事去咨询相关部门,是在收到这封邮件的一周以后。因为我在填邮件附件中的表格时被卡在几项选项上,我既没有 SSN(社保号码),也没有 ITIN(个人税务信息号码),而表格中显示两项必选其一填之。我上网查询了以后知道,SSN 通常是在美国有合法工作之后获得的号码,ITIN 是要有稳定且达到一定数额收入才能申请的个人税务信息号码。这两个要求我都对不上号。

我陷入了困境,不得不去学校的财务部找工作人员咨询。财务部是我只有开学交学费才会去的地方,可是我对财务部非常有好感,记得第一学期缴费时,财务部的工作人员像是教小学生一样,耐心地教我填写支票,特地强调某一栏数字要大写,在我想掏出手机看日期前就告诉了我年月日。

财务室里,一位墨西哥裔的女士接待了我。就像那一排其他女性咨询员一样,她带着职业性的微笑,客气地问我,我能为您做些什么吗？

于是我简单地把自己的情况介绍了一下，说明自己需要 ITIN 或者 SSN。她开始解释，ITIN 必须是有稳定且一定数额的收入才能申请的，而 SSN 通常是由工作单位代为办理，用于缴税等行为，这一切和我在网上查到的资料完全一致，可是我想要知道的是如何获取这些号码。我给她看了自己收到的那封邮件，可是没有用，相反，这似乎加剧了她事不关己的理由，这位墨西哥裔女士开始一味地强调着，邮件并不是我们直接发出，而是我们代政府部门发出的，如果您收到这封邮件，意味着您有责任填写并上交那些表格。我们对此事并不了解，您最好能够咨询政府相关部门。

尽管她在表情上并没有流露出任何形式的不耐烦，可是言语中她已经表现出对此事失去兴趣且不愿多谈了。

我一无所获，快快而返。第二次尝试，我通过邮件，联系了学校财务部的另外一名工作人员。他的回复令我怀疑他和那位女柜员用的是同一模板，他巧妙地避开了我想问的所有问题，打起了太极，他是这样回答的：您没有收入的话是不能有 SSN 的，这个 SSN 并不是您想办就能办的，而且按照美国的惯例，通常都是工作单位给办的。不过邮件末尾的一句话让我看到了希望：如果您需要的话，我可以试着帮您申请 ITIN。

我带着一丝欣慰，回复了一封洋溢着感激之辞的邮件。可是我的回复却石沉大海，等了一段时间，我再也没有收到他只言片语的回复。

无奈之下，我不得不在密苏里寒冷的冬天，冒着寒风前往市中心的政府办公楼，因为按照网上资料显示，我也许能在那里办理ITIN。在三十分钟的车程与几分钟的安检等待后，我终于取到了号码，等待办理业务。

在我前面等待办理ITIN的人中，没有一位是因为有了几笔零星收入而申报的年轻人，清一色是四十到六十岁的中老年人。也许他们是申请税务减免，也许有其他要办的事，我没有与他们搭讪，只是在心里默默准备着待会叫号叫到我时我该说的活，如何能够用最为简短的句子把自己是没有正式工作的留学生，收到这封莫名其妙的邮件，去了学校办了几次没办成才过来的过程解释清楚。

接待我的是位五十多岁的美国女性，她看起来慈眉善目，令我觉得这次造访可能会有收获。来这里时，我带上了所有我觉得可能需要带的证件，而她只看了一眼我的护照确认了一下我的身份，别的就什么都没看。

可是当我简单明快地解释整件事的来龙去脉后，那位女士的回复和前两位口径一致。看到我失望的表情，她客气地说：我会试试其他方法尽量给您办理ITIN。而当她问我有无收入来源时，我不仅报出了我通过万智牌比赛获得的所有收入，甚至连我在 eBay 上卖几本二手教科书的收入都说了出来,仿佛是努力装成一个大款,只为了符合办理 ITIN 的条件。

美国大妈在电脑上不断筛选符合条件的条款,我却总是不符合。她甚至把电脑转到我面前,让我亲眼看到她的尝试只是徒劳。在确定我看完屏幕上的一切标准后,她表示很遗憾,不过她很热心地说愿意帮我问问上级有没有别的方法。美国大妈拿起电话,向上级咨询我的这件事该如何处理,最后她带着歉意说,您的条件不符合 ITIN 的办理条件。

说完,她给了我一些文件,让我回去仔细阅读,她把皮球踢回到学校财务部,让我去学校财务室再做咨询。

失望的我甚至没有看那些她给我的材料,就把它们扔到了垃圾桶。我想到财务室的女工作人员的推诿,想到我发邮件联系财务室的其他工作人员时得到的含糊其辞的回答,我突然放弃了继续奔波的想法:也许再去其他部门,再向其他人发类似的邮件,恐怕得到的都会是同样的结果,一切尝试都是毫无意义的。比起两百美元的罚款,被几个机构当成猴子一样要才令我不爽。我为这件事情已经费了不少脑子,花了不少时间和精力。罚就罚吧,大不了付两百美元,我不想再折腾了。

我已充分做好了被罚钱的心理准备。可是这之后的几个月,我没有再收到类似的邮件,也没有收到两百美元的罚单。一直到毕业,我都没有被要求填写任何与缴税有关的表格,当然,也没有收到任何关于这件事情的解释。

　　仿佛是一场恶作剧,这封邮件就这样不了了之了。我为咨询这件事花的时间与精力都显得没有任何意义。我之前一直以为,国外机构的"踢皮球"现象会少一些,可是这一次我碰到的不仅仅是"踢皮球",更像是暗中有人把皮球砸在我脑袋上,砸得我一头雾水,我却找不出始作俑者是谁。

"北美崔哥"说他们"里外不是人"

　　用微博上"北美崔哥"的话来说，在美国的华裔，"美国人不把你当成真正的美国人，中国人也不把你当成真正的中国人，落得个'里外不是人'的惨淡下场"。

　　原因一方面是某些美国人的偏见，另一方面，大概源于某些华裔急于"洗白"自己，以便获得美国人全方位的认同。

　　在我就读的密苏里州，华裔不少，他们的父母大多是土生土长的亚洲人，通过合法或者不合法的途径来到美国，当然也有功成名就的投资移民。他们中，有学富五车在大学任教的，也有在一个不起眼的角落开着一家中餐馆或是在华人街租一间店铺做生意的。他们的子女生在美国，长在美国，这些在美国降生的华裔，由于父母的关系，在会说一口流利英文的同时，还能够说一点点普通话；另外还有一些人，他们从小就对他们父母祖国的文化知之甚少，甚至连一句中文都不会说，他们从语言到穿着到思维方式,已经完全"西化"。

曹亨利(Henry Cao)是我在读书时认识的朋友,他从外表看起来就不像"真正的亚洲人"。他算得上结实,一米八出头的身高,就算和白人比起来也不矮,一头垂到肩膀的黑发,抬头时经常像女生一样把眼前的头发撩到耳后。他父母来自上海,他自己却几乎不会说一句中文。他自小在白人区长大,对中国的一切知之甚少。我不知道他父母是否给他取过一个中国式的名字,但是似乎也没必要,叫他"亨利"毫无疑问是最方便的。

可是到了姓,念法却有些不同。

我和其他朋友谈起亨利时,我朋友问,哪个亨利?我说亨利·曹,他却说不认识什么亨利·曹。直到我打开脸书翻出他的照片,他才恍然大悟:"噢,你说的是亨利·靠。""不不不,"我解释说,"是亨利·'曹',这不念'靠',应该念作'曹'。"

"是念'靠'!"

"是念'曹'!"

这样几次无意义的争论后,我开始有些不满:中文是我的母语,我说了二十多年的中文,难道我会不知道这个字的正确发音?

他也毫不留情地回击:亨利他也念了自己的名字那么多年,难道自己的名字怎么发音他不知道?

我恍然大悟,"Cao"这个在中文拼音中明显发为"曹"的发音,被念成"靠"有一定原因:英语中难以找到与"曹"类似的发音,而且美国人会把"c"发"k"音,就像单词 carry, carrot。这听起来相当别扭的姓氏发音,在美国人看来却是常态,正如有些英文的中文发音很蹩脚一样。也许生长在白人区的亨利自己也将错就错,习惯这种错误的发音了,或许这样还能为他减去不少麻烦。就像有些姓李(Li)的华裔,也会入乡随俗地把自己的姓改成美国式的Lee,以便更好地融入美国社会。

在美国的华裔,一方面是歧视的受害者,另一方面,从某种意义上说也是歧视的加害人。他们困惑于自己流利的英语和黄皮肤黑头发的组合,为了取得正宗美国人的认可,他们中的一些人是如此迫切地否定与试图摆脱他们华裔的身份,强调自己的美国人身份,他们不愿说自己是中国公民,他们既没有中国国籍,也对这个国度发生的一切知之甚少。除了父母口中零碎的故事以及新闻里的报道,他们对中国传统、中国文化和中国现状没有一个系统的了解。他们试图切断自己与亚洲的所有联系,有时候还会把那些道听途说来的有关中国的负面新闻,当成亲身经历一般,与人娓娓道来。我亲耳听到某个华裔对他们几个美国朋友讲故事:"据说有些中国人一生只洗三次澡……"他华裔的身份使得他的故事更加具有说服力。

还有一些华裔,带着骄傲的口吻说自己是美国公民,他们从不与亚洲留学生往来。尽管交友没必要以肤色作为参考标准,但他们这种行为的背后,实际上带有一种深深的傲慢与自卑,似乎在说：我摆脱了亚洲人这一身份，我有美国国籍，而你没有。当然这样的人在华裔圈只是少数。

在我看来，这些华裔已经与某些美国人无异，同样的肤色与瞳色并不能轻松打破文化与偏见构筑起来的壁垒。他们中的一些人，对于亚洲文化有一些兴趣，对于父母的祖国还有一些感情，或者出于父母的言传身教，行为处事内敛些，那么还有可能成为朋友。否则，你很难融入他们那个圈子。

在美国的中国留学生，常常想当然地把华裔归到"同胞圈子"中，在人生地不熟的国外，看到黄皮肤黑眼睛的"同类"，内心产生这样的亲切感也是自然的。只是，他们的想法属于一厢情愿，这些华裔，从小与美国人玩乐在一起，生活在一起，学习在一起，使得他们中的大多数很难对其他亚洲人产生额外的亲昵感。当年轻的留学生抱着"中国人应该互帮互助"的思想，不由分说把其他美籍华人拉入自己的圈子，亲切地与其讲述国内的故事与中国文化时，常常显得"剃头担子一头热"。这类逻辑的不合理性，好比强迫一个客居美国但是祖籍四川的人吃辣椒，或者建议美国黑人学非洲语言一样。

尽管心系祖国的华裔确实存在，不过那些对自己原本的"祖国"没什么兴趣的"香蕉人"恐怕也不在少数。张明敏有一首歌是这么唱的："洋装虽然穿在身，我心依然是中国心，我的祖先早已把我的一切烙上中国印。"这些"香蕉人"是"洋装穿在身，我心早已变成美国心"。至于身上的中国印,也早已在时光的流转中褪了个一干二净。

在美国,华裔群体就是这样一个特殊而普通的群体,他们兼有美国人与中国人这两种身份。但是大多数时候,我们还是应该把他们归类成普通的黑头发黄皮肤的美国人,这样才不至于产生错觉和失望。

不被当成美国人的美国人

刚到美国读大学时,我保持着一个习惯,我和碰到的任何一个人都只说英语,哪怕对方也是黄皮肤黑眼珠,除非我亲耳听到过他说中文,我才改口说中文。也许我的谨慎显得有些别扭,毕竟大多数亚洲留学生都是华人。

和我一样初来乍到美国的许多留学生,却和我抱着不太一样的习惯:他们觉得任何一个亚洲人都应该会说一口流利的中文。他们忽略了一个事实:美国不仅有中国以外的华裔留学生,还有不少美籍华人,不少人只会说英语。有一个大陆留学生见到另一个黄皮肤黑头发的同学,在新生见面会上很自然地用中文跟他聊了起来,而那位黄皮肤黑头发的华裔却用英文回复曰,抱歉,我不会说中文。

是的,尽管有着同样的肤色与发色,我们说着的却是不一样的母语。

我们中的很多人,搞不清华人、华侨与华裔的区别,觉得他们都是中国人。这里有必要厘清几个概念：外籍华人指的是长期侨居国外并加入了所在国国籍的中国人；华侨指的是侨居国外的具有中国国籍的人；华裔是指侨居海外的华侨与华人的子孙后代，并且加入了所在国国籍。

如果说老一辈的华人或者华侨还保留着中国人的风俗习惯、思维方式，他们的子孙后代，也就是华裔中，有不少人已经具有非常明显的"香蕉人"的特性，香蕉人又叫 ABC（American Born Chinese），最初意指出生在美国的华人。现在，这个概念的范围已不再限于美国，而扩及整个海外，泛指海外华人移民的第二代、第三代子女。他们虽然也是黑发黄皮，但不识中文，说一口地道的当地话。他们自小就受美国文化、美国教育的熏陶，其思维方式、价值观也是完全美国化的，同移民来美的上辈不同。"黄皮其外、白瓤其内""黄皮白心""夹缝中的人""中文盲""边缘化"，是描述"香蕉人"时使用频率最高的词汇。

这些香蕉人能说一口非常流利的英语，跟美国人几乎没有什么区别。口音在美国就是一张随身携带的护照，说上两句多半能够辨认出国籍。不但口音，从穿着打扮上，他们也已经全盘西化了。正如看日剧让我学会了辨别中国人与日本人，在美国我也渐渐能辨认出华人与华裔。从男性来说，华裔通常不会留着亚洲人流行的发型，如厚厚的刘海。不少我认识的华裔或是留着平头或是留一头披肩长发。另外，一方水土养一方人也并非妄言，他们的个头看起来比父辈更高,体型也更结实些。从衣着看,他们的美式打扮同样很好辨认,他们脚上常穿的跑鞋与更加"奔放"的衣着就是最好的标志。

政治环境一直对华裔美国人不太友好。加州这样的华裔大州,华裔的基数与不断到来的移民者使得本地的居民习惯了华裔。纽约那样的大熔炉,各种族的人融合在一起,加上大量的游客,使得华裔的被接受度也高了不少。然而在不少中西部州或是一些白人州,华裔的处境依然非常尴尬。

大多数人都不会想一个黑人是不是"真正的美国人",哪怕他的父母移民自南非,只要他出生在美国,说着一口流利的英语,人家就把他当成正宗的美国人;同样,人们绝不会问一个带着拗口欧洲姓氏、说着一口流利英语的白人来自哪里,哪怕他们一家二十年前才移民自波兰或者俄罗斯。

可是对于华裔,情况却显得大不相同:哪怕他说着一口流利的美式英语,从穿着打扮到行为习惯与其他美国人并无二致,好奇的人们总是会问他们,你来自哪里?

"What the hell, I was born here."(见鬼了,我就在这里出生!)缺乏耐心的人很可能这么回答,因为他们中有些人从小就被周围好奇的人问这种问题。有些人愿意耐心解释,而有些人却表现出十足的反感。

但即使是这样一个回答,通常还不能够令好奇的人满意,提问者有时会像人口普查一样，追根究底地问："Where are you originally from?"（你原本来自哪里？）不得出一个中国、韩国、日本、越南这样的具体答案不愿罢休。因为从根本上，他们觉得只有白人和黑人才是真正属于美国的，华裔与西班牙裔只是舶来品。我的华裔朋友曾和我说过这样一个故事，他在某个餐馆用餐时，有个白人对他说，你只是一个碰巧生在美国并且将英文当成母语的中国人罢了，你永远是个中国佬。这个白人话语中的优越感和歧视的语气，让我的华裔朋友深感愤怒。近年来，美国发生了好几起攻击华裔的暴力事件，一位华裔女子坐地铁，边上的非洲裔女子因为看她不顺眼，大吼让她"走开"，华裔女子听话起身后，非洲裔女子却跟着她，对她大打出手，把华裔女子打得鼻青脸肿，还不断出言不逊，用带着种族歧视的语言辱骂她。无独有偶，美国的一名韩裔出租车司机在半个月内，连续抢劫并打伤两名华裔女子，被捕后公然叫嚣："我专以华裔为作案目标，因为我不爽华裔。""北美崔哥"在他的书里就写到他认识的一位"香蕉人"，因为有一天被美国同事称为"Chinese"（他最烦别人叫他 Chinese），这哥们儿一狠心，抱着美国同事跳楼自杀了。

然而这些无知的歧视者却不知道，华裔移民的历史可以追溯至十九世纪初，比白人移民史还要悠久。可是无论如何，这都无法改变一部分自视优越的人脑海中根深蒂固的那种"华裔不属于美国人"的偏见。